救世の時代来たれり

実践教学概論（上）

黒川白雲
Hakuun Kurokawa

まえがき

「不惜身命《ふしゃくしんみょう》」――この四文字に、大川隆法総裁先生（幸福の科学グループ創始者兼 総裁）の救世の使命感と情熱のすべてが込められています。

本書はハッピー・サイエンス・ユニバーシティ（以下、HSU）の「幸福の科学実践教学概論（救世論）」を受講し、「救世の主役」たらんとする学生向けに執筆したものです。本書の目的は、大川隆法総裁先生の迸《ほとばし》る「救世の情熱」を感得し、自らも主と情熱を同じくし、「救世の主役」として伝道の最前線に立ち、無明《むみょう》の中で苦しむ人びとを救っていくことができる力強い伝道者を育てることにあります。

上巻では、特に、救世主の降臨と「救世の時代」の到来、幸福の科学の救世運動の理念と歴史を学び、仏弟子としての使命と「不惜身命」の情熱をつかみとっていただきたいと願っています。

本書後半においては特に、幸福の科学の救世運動の歴史に重点を置きました。

幸福の科学の救世運動の歴史は苦難の連続でしたが、その度に、大川隆法総裁先生は大いなる智慧により、立ちはだかる壁を砕破《さいは》され、救世運動を前進に導いてくださっています。私たち人類への慈悲ゆえに、不惜身命、法を説き続け、世界を照らし続けてくださっている大川隆法総裁先生に深く感謝申し上げる次第です。

本書が21世紀の救世運動を率いるHSU生達の若き情熱に火を灯す一助となることを強く祈念しております。そして、お読みくださったすべての皆さまが「救世の主役」として、日本、そして全世界で飛躍していかれることを心よりお祈り申し上げます。

２０１６年7月14日

ハッピー・サイエンス・ユニバーシティ
バイス・プリンシパル 兼 人間幸福学部ディーン　黒川白雲

もくじ

HAPPY SCIENCE

もくじ

第7章

社会変革運動の歴史

※文中、特に著者名を明記していない書籍に
ついては、原則、大川隆法著となります。

第1章

「救世論」概論

HAPPY SCIENCE

1. 幸福の科学の救世運動

幸福の科学の基本教義は、「愛」と「悟り」と「ユートピア建設」です。これらの教えを実践し、来るべきエル・カンターレ文明を実現していく主役となるために、HSU人間幸福学部では、「幸福の科学実践教学」シリーズを学びます。「幸福の科学実践教学概論（救世論）」をテーマとする本書は、その中でも特に「ユートピア建設」の理念と実践に向けた学びを深めるものです。

本章では、その導入として、幸福の科学の「救世運動」の理念と全体像を概観してまいります。

幸福の科学の使命

エル・カンターレが説く地球的仏法真理によって全人類を救済することこそ、幸福の科学の使命なのです。

『伝道論』17ページ

大川総裁は、「全人類の救済」のために幸福の科学をつくられました。そのための活動が、本書で詳しく見ていく「救世運動」です。

救世運動とは、人びとを悩みから救い、幸福な人であふれた世の中をつくることです。幸福の科学が推し進めている「全人類救済」という壮大なロマンの出発点には、大川総裁の「全人類を救済せん」という強い情熱があります。

今、現代に必要な法を説いて、世界を一つにしようとしています。地球レベル

の仏法真理を説いて、全世界の人々を救わんとしているのです。

『愛、自信、そして勇気』259ページ

幸福の科学は、全世界の人びとを救済し、来たるべき新文明を創造しようと日々、活動しています。この活動は単なる「宗教」の枠を超えています。

前代未聞の救世運動

立宗2年目の時点で大川総裁が提示された〈七つの幸福化宣言〉には、幸福の科学のすべての目的、理想、信念が簡潔にまとめられています。

〈七つの幸福化宣言〉

第一の宣言〈仏法真理の探究〉

われらは人類幸福化のために、徹底的に仏法真理の探究をすることを目標とする。

第二の宣言〈仏法真理の学習〉

われらは人類幸福化のために、徹底的に仏法真理の学習をすることをここに誓う。

第三の宣言〈仏法真理の伝道〉

われらは仏法真理の伝道のために、全精力を費やすことをここに誓う。

第四の宣言〈愛の実現〉

われらは大いなる愛を発見し、その愛の実現のために、日々、生きることをここに誓う。

第五の宣言〈幸福の創造〉

われらは現時代の人々のみならず、後世の人々の幸福をも創り出すための具体的実践活動を行う。

第六の宣言〈人類の発展〉

われらは人類の発展をもって、われらの大いなる目標とする。

第七の宣言〈ユートピア建設〉

われらの最終の課題は、この地上をユートピアにすることであり、また、四次元以降の霊天上界をもユートピアと変えることである。すなわち、仏の創りたるすべての世界をユートピア世界とすることである。

『幸福の原点』110-112ページ

救世運動の最終目標には、現代に生きる人びとの救済のみならず、「**第五の宣言〈幸福の創造〉**」にある通り、未来の人びとの幸福化も含まれます。さらに「**第七の宣言〈ユートピア建設〉**」に明示されているように、地上のみならず「**四次元以降の霊天上界をもユートピアと変える**」ことまで含まれています。

「四次元以降の世界」とは、死後、魂が還《かえ》る「あの世」のことで、天国や地獄と呼ばれる世界です。その世界をもユートピアに変えるということは、「過去、人間として生きたが、死後、地獄で苦しんでいる魂を救い、この世だけでなく霊界をも変革していく」という決意です。これは「多次元ユートピア」とでもいうべき大いなる希望のユートピア建設であり、「過去、現在、未来」の人びとを救っていくという宣言でもあります。

全人類救済を掲げる団体はほかにもありますが、既にあの世に還った人びとや未来の人びとまで含めた「全人類」を救おうとしている団体は、幸福の科学しかありません。ともすれば宗教は「慰《なぐさ》めあって安らぎを得る」スタイルになりがちですが、幸福の科学の活動は一線を画しています。これは未曾有《みぞう》のスケールを有した救世運動であり、幸福の科学の大きな特徴の一つだといえます。

新しい時代に対応した考えで未来社会をつくる

現代は、世界的な紛争の危機や宗教間対立、不安定な世界経済、食糧問題、エネルギー問題、天変地異の頻発など、多くの問題を抱えています。幸福の科学はこうした現代的諸問題を解決する智慧を発信し続けています。

幸福の科学は現実的なものにも対応していきます。旧《ふる》い宗教は、もう考え方自体が旧くなっているので、新しい時代に対応した考え方も出しながら、これからの未来社会をつくっていくことが、幸福の科学の使命であると思っています。

「テロや戦争があるから宗教は嫌なのだ。宗教は嫌いだ」と言う無宗教論者は日本にも多いのですが、宗教の理解が十分ではないから、仏法真理の理解が十分ではないから、争いや戦いが起きているのです。

だからこそ、今、そのすべてを説明する宗教が必要であり、そして、それを広げていくことが必要なのです。

宗教を毛嫌いし、「争いばかり生むから宗教は嫌いだ」と言う人に対しては、「あなたは宗教を誤解している。キリスト教やイスラム教は、二千年前や千数百年前にできた旧い宗教なので、現代と合わなくなっているのだ。『今、教祖が生きていたら、どう言うか』ということが分からないために、ぶつかっているのだ」ということが言えると思います。

そのため、私は、できるだけ、現代の言葉で現代人に分かる話をし、「宗教の普遍的な真理とは何か」ということを伝えているのです。

したがって、幸福の科学の持っている使命は、「一人ひとりを幸福にする」という、個人個人の幸福を大事にすることであるとともに、「現時点での世界の人々を、少しでも、仏法真理の力によって明るく照らし、啓蒙して救っていく」という活動をすることでもあります。

そして、私自身は、「今後の数百年、あるいは二千年、三千年に関して責任を負っている」という自覚を強く持っているのです。

『朝の来ない夜はない』195-197ページ

このように大川総裁は、伝統宗教が解決不能に陥っている現代的諸問題、あるいは二千年後、三千年後を見据《す》えて、人びとを幸福にしようとされているのです。

幸福の科学の教えは、宗教から政治、経済、教育、科学、宇宙に至るまで極めて壮大です。そのため、ときには、なぜ今この教えが説かれているのか分からなくなることもあるかもしれませんが、二千年、三千年後の未来に高度な宗教文明や科学文明、宇宙文明が実現したとき、人びとに必要な教えも含めて説かれているのだと理解すべきです。

「私は幸福です」と言い切れる人をつくっていく

「全人類を、霊界まで含めて救済していく」「ユートピアを建設していく」というと、まるで壮大な夢物語のような、自分とは関係のない遠い話のように感じられるかもしれません。しかし、ユートピア建設とは、一部の特別な人たちが特殊なことをするものでもなければ、一足飛びに達成できるものでもないのです。

ユートピアというものは、結論において、「私は幸福です」と言い切れる人を数多くつくっていくことです。日本において、世界において、「私は幸福に生きています」と言い切れる人を数多くつくることなのです。

この努力に限界はありません。しかし、目標としては可能な目標です。その目標を目指し、その目標の達成に向けて、私も、日々、努力していきたいと考えます。

『ユートピア価値革命』289ページ

私たち一人ひとりが、自分の目の前の家族や友人、お世話になった人、さまざまな縁ある人、一人ひとりを悩みから救い、「私は幸福に生きています」と言い切れる人に変えていくことです。これを無限にくり返していった先にこそ、ユートピア建設は成し遂げられていくのです。

一人ひとりが救世の主役

したがって、本書を読んで下さっている一人ひとりが、「私が救世運動の主役なのだ」と自覚していただきたいと思います。

私は、「幸福の科学の使命は、とても大きい」と思っています。

幸福の科学の信者たちは、自分の担っている使命がどの程度のものなのかが、まだ分かっていないかもしれません。そして、幸福の科学も、まだ全世界の人々が気づく段階までは行かず、その一部にしか影響が及んでいないかもしれません。

しかし、おそらく、ここ数十年の間に、世界的な危機がいろいろと起きて、世界の人々のなかに、「何か」を求める気運が出てくるはずです。

それは、「地球的なレベルで起きる人類の危機や、未来への不安を、取り除いてくれるものはあるのか。人類に未来への希望はあるのか」という問いです。それが、もうすぐ世界各地から起こってきます。

その問いに答えることが、幸福の科学の使命です。

そのため、私たちは、「早く日本を固めて、外国にも幸福の科学の教えを広げていきたい」という、強い熱意を持って活動をしています。

もし、幸福の科学の信者のなかに、「幸福の科学が一宗一派として完成し、自分たちの団体が生き延びられればよい」という考えを持っている人がいたなら、その考えを改めていただきたいのです。ある意味で、「幸福の科学の信者一人ひとりが救世の主役なのだ」ということを知ってほしいと思います。

そして、今の日本人にとって必要なことは、「島国・日本」という小さな視点を外し、地球レベルで物事を見、考え、そして、「どうすべきか」というメッセージを発信していくことです。

『救世の法』99-101ページ

皆さまの中には、「救世運動といったって、自分にできることなんてあるのだろうか」「どうせ、自分なんて」と自己卑下してしまい、自信が持てない方もいらっしゃるかもしれません。しかし、たとえ一人ひとりはささやかなる松明《たいまつ》の灯火《ともしび》であっても、その火が別の一人に広がり、それがまた次の一人へと広がっていくことで無限の火が灯っていくのです。

「自分以外の誰かがやってくれるだろう」と思わないでください。皆さま一人ひとりが、全人類救済の責任を持っているのだと思わない限り、救世運動は一歩たりとも進まないのです。みずからが「救世の主役」であるという自覚を強く強く持っていかなくてはなりません。

傍観者ではなく、「主役」としてみずからを実践の中に置いてこそ、真の喜びがあるのです。

2. すべての活動は救世運動のためにある

救世運動の三段階

幸福の科学の救世運動は全人類が対象ですから、簡単な道のりではありません。現代の問題は高度化、複雑化しており、何か一つを変えればすべてがうまくいくというわけでもありません。

大川総裁は、教団草創期の第二回講演会「愛の原理」で、救世運動が大きく三段階に分かれて展開されていくと「予言」されています。

幸福の科学の運動は、第一段階としては宗教改革のような様相《ようそう》を呈するかもし

れません。（中略）

しかし、これは破壊のための破壊では断じてないのであります。崩壊のための崩壊では断じてないのであります。私たちは偉大なる統合の前の破壊として、今、宗教改革をやっているのであります。（中略）

第二段階として、私たちの教えは、さらに日本の国を改革していく運動として起きてくるのであります。政治の改革、経済の改革、教育の改革、芸術の改革、文学の改革、企業制度の改革、根本からすべてを変えていくのです。そうして第二段階においては、諸学問の統合、すなわち諸学の統合という動きと、宗教を今まで政治の対極に置いていたような、こうした世界観、価値観というものが百八十度の転回をみて、本来中心に座るべきものが中心に戻ってくるのであります。（中略）

そして、さらに第三段階へと入っていきます。それは、今から二十年から三十年後であります。すでにその頃には、私たちの書物というものは、海外にも出ているでありましょうが、宗教的な思想としてのみ海外に出ていくわけではないのであります。一つのユートピア運動としてのうねりが、日本から世界へと広がっていくのであります。

『幸福の原理』84－87ページ

第一段階は、現在、幸福の科学が推し進めている伝道であり、一連の宗教改革です。

第二段階の日本の国の改革は、政治・経済・経営・教育・芸術・文学といった、あらゆる分野の改革にとり組むことです。今まさにHSUで推し進めている「諸学問の統合」や「新しい学問の創造」も、この源流を生み出していくことにつながります。

第三段階はユートピア運動を日本から世界へと広げていくことです。現在、幸福の科学の教えは世界百カ国以上に広がり、世界各地に支部や精舎も建立《こんりゅう》されています（２０１６年７月時点）。しかし、幸福の科学が本当にめざしているのは、世界宗教の主流となり、世界のユートピア運動のうねりの中核になることです。そこまで成し遂げねばなりません。

幸福の科学グループの多角的展開

幸福の科学グループは多角的に活動しています（33ページからの表を参照）。

幸福の科学は、個人から見れば、「自己啓発」という面を持っていると同時に、外側から見るかぎり、「社会啓蒙」の面、すなわち、宗教的な用語を使うとするならば、宗教本来の立場である「全世界の一切の衆生救済」「全人類救済」という面

を、立宗以来、一度も外してはいません。

その言葉どおり、「全人類救済」に向けて、具体的な活動をどんどんと積み重ね、広げていっています。

それが、実は、数多くの教えが積み重ねられている理由でもありますし、教えにダイバーシティ（多様性）が出てきている理由でもありますし、活動が、宗教法人にとどまらず、教育事業や政治活動、ＮＰＯ団体、メディア関連等にも広がっていったり、海外にも広げたりと、数多くの活動が展開している理由でもあるのです。

結局、幸福の科学の運動を究極的に分析してみると、「この宗教に触れた人間として、個人の自己啓発、つまり、伝統的な言葉で言えば、『悟り』というものを求めていくと同時に、悟った人間を主体として、全世界の一切の衆生救済、『地上仏国土・ユートピアの建設』を目指す運動である」と捉えてよいでしょう。

『宗教学から観た「幸福の科学」学・入門』26－27ページ

宗教がこれだけの大事業を展開する理由について、一部マスコミなどからは「権力欲ではないか」というような誤解に基づく心ない批判もあります。しかし、幸福の科学のすべての活動は、あらゆる環境に置かれた人びとに、真理に触れ、救済される機会を提供したいという大川総裁の愛の現れなのです。

宗教法人、学校法人、それから、法人格を持った政党を持つと、かなり幅広い活動ができるようになって、多くの人々の幸福を具体的に実現することができるだろうと思います。

学校のほうでは、教育の模範を示すことができると思います。

宗教としては、人生修行のあり方や人としての心の持ち方、来世のあり方や考え方についての伝道をしています。

政治活動においては、地獄に堕ちる人、迷う人、苦しむ人をつくらないためにも、「そうした苦しみの種をつくらず、また、現実に幸福感を味わえる社会をつくる」という具体的な努力をしておくことが大事だと考えています。

幸福の科学は、立宗当初より、「この世とあの世を貫く幸福」ということを掲げています。宗教にとって非常に難しいことではあるのですが、「この世とあの世を貫いて幸福を実現する」ということを訴え続けているのです。

『救国の秘策』130－131ページ

既存の伝統宗教の多くは、あの世での幸福を追究しています。この世は苦しみが多く、ひたすら清貧に生き、死後に報われて幸福になるのだという教えです。逆に、現代社会に蔓延《まんえん》している唯物論は、「死んだら何も残らない」と目先の幸福を優先し、「この世でさえ幸福ならよい」という刹那《せつな》的思考をもたらしています。

しかし、幸福の科学がめざし、広げようとしているのは「この世とあの世を貫く幸福」です。世界に平和と繁栄を実現し、その中で人生を送ることが魂の健全な成長につながる世界を創ろうとしているのです。

幸福の科学グループの救世運動の多角的展開

〈宗教活動〉

支部……地域に根差した伝道活動や宗教行事、人生相談

精舎……研修・祈願、宗教修行、人生相談

学生局……学生への伝道活動、社会啓蒙活動

青年局……伝道活動、社会啓蒙活動

百歳まで生きる会……シニア層中心の宗教活動、生涯現役のための支援

シニア・プラン21……シニア層中心の仏法真理道場

幸福結婚相談所……「幸福結婚の会」と「『幸福結婚』家族の会」の運営

来世幸福園……幸福の科学の霊園（総本山・那須精舎、聖地・四国正心館に併設）
来世幸福セレモニー……幸福の科学の100％出資の葬儀会社

〈教育事業〉

仏法真理塾・サクセス№1……信者子弟を対象とした信仰教育スクール
不登校児支援スクール ネバー・マインド……不登校児支援のフリー・スクール
エンゼルプラン・V……未就学児童を対象にした幼児教育機関
ユー・アー・エンゼル！運動……障害児やその保護者への支援活動
幸福の科学学園 中学校・高等学校（那須本校、関西校）
ハッピー・サイエンス・ユニバーシティ……高等宗教研究機関

〈社会事業（社会貢献／国際協力）〉

災害支援……国内、海外での災害時にボランティア派遣、救援物資・義援金の送付、

学校再建支援

ヘレンの会……障害を持つ方の交流の場を提供し、信仰生活の支援も実施

自殺防止運動……自殺防止のための提言、言論活動、ボランティア

犯罪者更生支援……幸福の科学の教えによる、犯罪者の更生やそのご家族のケア

ストップ・ザ・ヘアヌード運動……青少年の健全育成の支援

チャリティ活動……世界各地で学校建設・教材提供・物品寄贈などを展開

HSネルソン・マンデラ基金……人種差別問題の解決支援

NPO団体「いじめから子供を守ろう!ネットワーク」支援

〈**言論活動**〉

幸福の科学の内部向け経典の発刊

幸福の科学の布教誌……月刊「幸福の科学」「Young Buddha」「ヘルメス・エンゼルズ」「What's 幸福の科学」「ザ・伝道」ほか

幸福の科学出版……書籍、月刊誌（「ザ・リバティ」「アー・ユー・ハッピー？」）、CD、DVDなどの発刊、映画製作、ブックスフューチャー（書店）、メディア・フューチャー（広告代理店）

メディア文化事業……ネット番組「THE FACT」、ラジオ番組「天使のモーニングコール」

ニュースター・プロダクション……芸能事務所

スター養成部……俳優、歌手、声優、モデル、ダンサー、タレントの養成スクール

〈**政治活動**〉

幸福実現党……宗教法人幸福の科学を支持母体にもつ政党。機関紙（「幸福実現NEWS」）の発行、書籍、DVDなどの発刊

HS政経塾……政界・財界で活躍するエリート養成のための社会人教育機関

3．幸福の科学がめざすもの

大きなスケールと迅速さが要求されている

「全人類を救う」ということを、もう少し具体的に考えてみましょう。

今、世界の人口は70億人を超え、21世紀中には100億人を突破するともいわれています。これだけの人が偶然、現代に生まれているわけではありません。各人が救世主の説かれる真理に出会うために生まれて来ているのです。一足早く、大川総裁の教えに出会い、合流した私たちの使命は、この教えを全世界の人びとに教えていくことです。

最終目標とは何でしょうか。それは、「今、新たに説かれている、この仏法真理を、全世界の人々に伝える」ということです。

幸福の科学は頑張ってはいますが、この最終目標から見れば、現状は、まだまだ十分ではないことが分かるはずです。この程度であっては、まだまだ届いていません。

もっともっと、多くの力が必要であり、多くの人々の協力が必要です。多くの人々が目覚める必要があります。もっと多くの人に目覚めてもらわなければいけません。私たちの使命は、「小さな団体として、内部だけがうまくいっていたらよい」というようなものではないのです。そのことを知ってください。（中略）

私たちの本当の目的は、そんなところにはありません。

全世界の、すべての国の、すべての人々に光を届けること、すべての人々を愛すること、すべての人々に慈悲を与えること、そして、「今、この時代に仏陀が再誕し、救世主が降臨し、人々を救わんとして、現実に活動している」ということ

を同時代に伝え切ること、これが大事なのです。

『愛、自信、そして勇気』33-35ページ

最終目標は遠大で、途方もないように見えるかもしれません。はるか先の目標に思えるかもしれません。

しかし大川総裁からは、一つの目安を教わっています。

最終目的は、限りなく教えを広げていくことであり、目標に限界はありません。

私は、ハワイ支部での説法において、「来世紀、世界の人口の三分の一は幸福の科学の信者になります」と言い切りました。

どうか私の言葉を虚《むな》しいものにしないでください。私は、そういう意気込みで活動しているのです。

『君よ、涙の谷を渡れ。』204ページ

仮に、来世紀には人口が100億人になっているとすれば、その三分の一は30億人強になります。単純に計算すると一年で3500万人ぐらいには伝道しなければ間に合わないことが分かります。

それだけのスピードが要請されており、それだけ私たちの使命は大きいのだということです。

世界宗教・三国志の時代

さらに、22世紀の流れについて見ていきます。

次の時代はおそらく、キリスト教文明、イスラム教文明、幸福の科学のエル・

カンターレ文明の、〝三国志〟の時代に入っているはずです。あと百年後にはそうなっています。百年後には、世界はキリスト教文明とイスラム教文明と、幸福の科学が起こしたエル・カンターレ文明の〝三国志〟の時代に入っています。

これから、キリスト教とイスラム教を呑《の》み込んでいくのが二十二世紀の青年の仕事であるから、「必ず、世界を一つにせよ。世界の文明を一つにせよ。乗り越えていけ」ということを、伝えていただきたいと思います。

2007年10月20日法話「熱血火の如くなれ」「質疑応答」

キリスト教文明やイスラム教文明は非常に長い歴史の積み重ねでつくられてきたものです。私たちはそれと並び立つだけの高みと広がりを持った「エル・カンターレ文明」を、この100年で築き上げなければならないということです。単に宗教としてのみ広げようとしているわけではありません。そうした「新文明の発信基地」となるためにもHSUは創設されたのです。

もう一段の成長を

ここまで、救世運動の目的を確認してきましたが、これだけの大事業を成し遂げるために必要なものは何でしょうか。それは、自信です。

自信の根源にあるべきものは「真理への確信」です。どれほど強く真理を確信しているか。これが、あなたがたの自信になるのです。

どうか、強い信仰心を持ち、真理を確信し、「少々の非難や批判、世間の陰口、この世的なる浅薄な常識などに負けてなるものか」という気持ちでいていただきたいのです。

あなたがたは、まだ、あまりにも弱いのです。（中略）

私は、全人類を救済するために「幸福の科学」をつくったのであって、日本に十八万もあると言われる宗教の一つ、一宗一派をつくるためにやっているのではないのです。
あなたがたが本気で伝道していたら、こんなレベルで止まるはずがありません。

『愛、自信、そして勇気』247-248ページ

一人ひとりが光を強め、力をつけ、幸福の科学に集う人びとを増やしていかなければ、この理想を実現することはできません。より多くの人の力を結集し、大いなる智慧を生み出し、救世運動をスピードアップさせていく必要があります。

「高い志」と「異常なる熱意」

さらに、これだけのスケールとスピードの救世運動を成し遂げていくための原動力は、異常なる熱意、情熱です。そのために必要なのは、「世界一の宗教・幸福の科学を自分たちが築き上げていくのだ」という志です。

まずは、「世界一の宗教、幸福の科学」というのが、みなさんの心のなかに、ありありと実現していなければいけません。信ずる者の心のなかに、「世界一の宗教、幸福の科学」という姿が、ありありと現れておれば、現実は、それに跪《ひざまず》いてきます。未来はそれに跪き、ぐいぐいぐいぐいぐいと、すべてがそちらのほうに向けて協力するしかないんです。強い思いを持っていなければならないのです。

今、新しい宗教としての幸福の科学がこの世に生まれています。その教えによれば、世界の大宗教をも包含し、超え、さらに未来の人類をも指導する原理を含んでいます。それを教えとしては、読んだことがあるでしょう。しかしそれが真実であるならば、みなさまがたの霊的な目の前に、仏教も、キリスト教も、イスラム教も、日本神道も、その他の世界に数多くある宗教、信じてる人もあり、信じてない人もあるけれども、その信じてなくて救われてない人、信じているけれどもいまだ救われていない人、これらすべての人々への福音がいま説かれたのであるということを強く確信しなければなりません。

2002年3月16日法話「『大勝利祈願』講義」

日本を変え、地の果てまでも伝道し、全世界・全人類救済を成し遂げていくのは今です。その主役は私たち一人ひとりなのです。

TRY!

役割を考える

48ページに掲載された「幸福の科学の救世運動」年表の下欄に、自分史を記入してみよう。そして、救世運動の中における自分の役割や、貢献したいことについて考え、仲間と法談してみよう。

【主要参考文献〈大川隆法総裁著作〉】

『幸福の原点』以下、幸福の科学出版
『朝の来ない夜はない』
『救世の法』
『幸福の原理』

『宗教学から観た「幸福の科学」学・入門』
『救国の秘策』
『伝道論』以下、幸福の科学
『愛、自信、そして勇気』
『ユートピア価値革命』
『君よ、涙の谷を渡れ。』

年表◆幸福の科学の救世運動

年月	救世運動の歩み	あなたの歩み
1956年7月7日	大川総裁、御生誕	
1981年3月23日	大川総裁、大悟	
1986年10月6日	「幸福の科学」立宗 幸福の科学事務所開設	
1986年11月23日	初転法輪 幸福の科学発足記念座談会	
1987年3月8日	初の講演会「幸福の原理」開催	
1991年3月7日	宗教法人設立	

1991年7月15日	初の御生誕祭を東京ドームで開催 御法話「信仰の勝利」にて エル・カンターレ宣言がなされる
1991年9月	希望の革命（講談社フライデー事件）
1993年1月1日	新年祭「新年特別メッセージ」にて アドバンスト宗教宣言
1994年4月	御法話「方便の時代は終わった」「三宝帰依《さんぽうきえ》とは何か」にて、三宝帰依体制が確立
1994年9月10日	初の映画「ノストラダムス戦慄の啓示」公開
1995年1月	阪神・淡路大震災発生 救援活動を行う

年表◆幸福の科学の救世運動

年月	救世運動の歩み	あなたの歩み
1995年3月	オウム事件解決に協力	
1995年3月	「ザ・リバティ」創刊	
1996年8月4日	総本山・正心館落慶	
2001年6月12日	講談社「週刊現代」の捏造記事に対する名誉毀損訴訟で勝訴が確定	
2003年1月	「自殺者を減らそうキャンペーン」スタート	
2006年4月15日	幸福の科学初の霊園「来世幸福園」が総本山・那須精舎の境内地に開園	

2007年6月26日 広島支部精舎「明るく生きよう」
全国巡錫スタート(※)

2007年11月18日 海外初転法輪 ハワイ巡錫
法話「Be Positive」

2009年4月30日 御法話「幸福実現党宣言」

2009年5月 「幸福実現党」立党

2009年6月16日 「新・日本国憲法 試案」発表

2009年8月30日 第45回衆議院議員総選挙
幸福実現党初の国政選挙

※巡錫：各地を巡り歩いて教えを弘めること。

年月	救世運動の歩み	あなたの歩み
2009年12月15日	「『松下幸之助の霊言』（第一部）」初の公開霊言収録	
2010年4月	幸福の科学学園 中学校・高等学校 那須本校 開校	
2010年11月7日～14日	ブラジル巡錫 御法話「神秘の力について」「常勝思考の力」「幸福への道」「真実への目覚め」「愛と天使の働き」	
2011年2月27日～3月6日	インド・ネパール巡錫 御法話「信仰と愛」「人生で成功する方法」「生と死」「真なる仏陀と新たな希望」	

2011年3月	東日本大震災被災地支援
2012年6月23日	ウガンダ巡錫 御法話「新しき希望の光」をもって 全世界五大陸巡錫を成就
2013年4月	幸福の科学学園 関西中学校・高等学校 開校
2015年4月	ハッピー・サイエンス・ユニバーシティ （人間幸福学部、経営成功学部、未来産業学部）開学
2016年4月	ハッピー・サイエンス・ユニバーシティ 未来創造学部開設

第2章

救世主が降臨される時代

HAPPY SCIENCE

1.「救世主」とは何か

第1章では救世運動に求められるスケールとスピードについて学びました。第2章では、その背景として「救世主とはどのような存在か」と「現代とはいかなる時代か」を確認し、救世の情熱と志を高めていきましょう。

救世主降臨の時代

第1章で、幸福の科学の救世運動は大川総裁の「全人類を救済せん」という強い念《おも》いに端を発していることを学びました。

大川総裁は、救世主としての使命を持って地上に降臨されました。救世主とはその名の通り、「救世の時代」に降臨され、新しい文明の原理をつくられる存在です。

現文明において、救世主として有名な人物というと、ゴータマ・シッダールタがそうであり、イエス・キリストがそうであり、モーセがそうです。また、救世主という名で呼ばれることはありませんが、中国に降りた孔子も、救世主の住む九次元世界の住人です。こうした人たちの特徴を見ると、結局、人類にとっての文明の原理をつくってきた人たちだと言うことができます。

『永遠の法』249-250ページ

仏が、そして、仏の弟子たちが生まれてくる時代は、いつも暗雲たなびく時代であるのだ。

人びとの心は、荒廃し、時代がその底につかんとする時であるのだ。そのような時代にこそ、仏弟子たちは生まれてくる意味があるのだ。そうであってこそ、衆生《しゅじょう》の済度《さいど》ということが可能となるのだ。

『仏陀再誕』49–50ページ

暗雲たなびく時代だからこそ、救世主が降臨され、危機から人びとを救い、未来への希望を弘め、新文明の創造を成し遂げていくのです。それはまさに「黎明《れいめい》の時代」です。そうした時代の転換期に救世主は生まれ、その弟子もともに生まれ、活動しているのです。

救世主とは、霊界において「九次元宇宙界」という極めて高い次元の存在であります。そうした高次元の存在が、人間の肉体に宿り、地上に降りるということは極めてまれで、難しいことです。にもかかわらず、そうした困難を乗り越えて地上に降臨されるのは、「多くの人びとを救いたい」という強い慈悲と情熱によるものなのです。

我は今、愛の復活をなさんとしている。
これはわが真なる復活。
わが魂としての復活。
わが愛としての復活。
愛としての再臨。
救世主としての降臨である。(中略)

人々が闇に沈まんとする時に、
現れぬ救世主はいない。
あなたがたは今、救世の現場にいるのだ。

これよりのち、
この日本より始まりたる運動は、
世界を覆わねばならない。
わが悲願である。
その救世の情熱を告げ知らせてほしい。

『無限の愛とは何か』72－74ページ

救世主とは、地球を救うために地上に降りた「神の愛」そのものだといえます。「救世主の愛」とは、全人類を照らし続ける「存在の愛」です。大川総裁が今、人間の肉体をもって存在し、獅子吼《ししく》して、救世運動の最先端に立たれていることそのものへの感謝を忘れてはいけません。

弟子は「救世主の証明役」

伝道をしていると、「大川総裁が救世主であると、だれが決めたのか」と言われることもあります。そうした疑問に対し、大川総裁からは、このように教わっています。

救世主は、みずから、「われはそれなり」と名乗るものであり、それ以外にはありません。「自分は救世主である」と言った人が、そうなのです。

もし、「自分は救世主だ」と言って、ほんとうは救世主でなかった場合に、どうなるかというと、その人は迫害され、最悪の場合には殺されることもあります。

ただ、迫害されて殺された人のなかにも、ほんとうの救世主がいるので、話は、やや複雑です。イエスも迫害されて殺されましたし、中東に出て世界宗教をつくったマニという人も、やはり殺されています。そのように、救世主でも殺されることはあるのです。

しかし、その後の仕事の広がり方を見れば、救世主であったかどうかは、後世の人に間違いなく判定されます。

ほんとうの救世主であっても、生きているあいだに仕事を完成できるかどうかは分かりませんが、少なくとも、その人の志が本物であるかどうか、そして、そのまいた種が本物であるかどうかが重要です。

それが本物であるかどうかは同時代には分からないことがよくあります。それは数百年後の人々の世論が決めることなのです。


『君よ、涙の谷を渡れ。』194-195ページ

救世主はみずから名乗るもので、その真偽は、後世において間違いなく判定されるということです。

イエス・キリストもみずから「メシア（救世主）」を名乗りましたし、釈尊もみずから「仏陀（悟りたる者）」であると宣言しました。現代においてそれが事実であったと認識されているのは、キリスト教や仏教が世界宗教となり、多くの人を現実に救済してきたからです。もし、キリスト教や仏教がユダヤやインドの民族宗教のままであったら、今でも救世主として認められていなかったでしょう。

結局のところ、救世主を証明するのは私たち弟子の使命なのです。教えを全世界に広げ、多くの人びとを救済した実績をもって「大川総裁が救世主である」ことを証明していかなければなりません。それは、主と共に地上に生まれた私たち一人ひとりの責任であるのです。

今までの救世主を超える「大救世主」

『太陽の法』には大川総裁が大悟され、釈尊から自身の使命を告《つ》げられたときのことが語られています。

その使命は、仏法の流布による一切の衆生の救済にあることを語りました。そしてその役割としては、愛と慈悲、信仰を象徴する阿弥陀如来《あみだにょらい》的側面（救世主的部分）と、悟りと修行、霊界の秘義を象徴する大日如来《だいにちにょらい》的側面（仏陀の本質的部分）をあわせもった釈迦大如来であり、前者が先鋭化すれば、大救世主であり、後者が象徴化されると、華厳経《けごん》や大日経にいう毘盧遮那《びるしゃな》（Vairocana《ヴァイローチャナ》）仏をさらに本源的な存在とした、大毘盧遮那（Mahāvairocana《マハー・ヴァイローチャナ》）仏であることを明示しました。（中略）

はっきりしていることは、私自身が再誕の仏陀であること。そして、仏陀を中心として、天上界の高級諸霊と地上の諸宗教を整理・統合して、新しい世界宗教を創り、全世界の人々を教え導き、新文明への道を開くこと。新時代の幕を開ける使命が私に委ねられたのです。

『太陽の法』352-353ページ

大川総裁は人類史上最高度の悟りを持つ仏陀的側面と、最大の救済力を有した救済仏的側面の両面をあわせ持たれた「大救世主」です。つまり今、これまでの救世主のスケールをはるかに超えた「大救世主」が降臨するという〝人類史的な事件〟が起こっているのです。

さまざまな宗教を融合し、新時代の世界宗教を創るのみならず、政治、経済、科学、教育、芸術も含めたあらゆる領域をエル・カンターレ信仰で統合した新文明を創り、新時代の幕を開ける。これは大救世主にしかできないことです。

大救世主の活動が始まっている今、まさしく地球は人類史の大転換期を迎えているのです。

2. なぜ、大救世主は「現代」の「日本」に降りたのか

大救世主が現代に生まれた理由

では、なぜ、そのような大救世主が現代に生まれたのでしょうか。
三つの理由が、経典『君よ、涙の谷を渡れ。』の中で述べられています。

① 人類滅亡の危機

なぜ私は二十世紀の後半に生まれたかというと、一番目の理由は、やはり、「アメリカ対ソ連の第三次世界大戦が起きて、人類が滅亡する危機があった」ということです。そのため、二十世紀後半という時期に出てきたわけですが、この危機は回避されました。

『君よ、涙の谷を渡れ。』188ページ

20世紀後半は冷戦の緊張が高まり、世紀末思想が流行した時代でした。当時、米ソ対立による人類滅亡の危機がありましたが、それはソ連の崩壊などにより回避されました。

しかし、危機の時代は続いています。日々のニュースを見ても、キリスト教とイスラム教の争いの激化、テロ、紛争の勃発、残された社会主義国家である中国、北朝鮮の軍事的覇権主義の拡大による東アジアの軍事的緊張の高まり、人口増加による食糧難の危機や貧困問題、エネルギー問題、唯物論の蔓延《まんえん》など、まさしく文明末期を想起させる様相《ようそう》を呈しています。

② 天変地異の危機

二番目は、「大天変地異などが起きる予兆が、当時、すでに始まっていた」ということです。これについては、回避する方向に、いろいろな手を打っているところであり、何とか大天変地異まで行かずに過ぎ越せるのではないかと思っています。

『君よ、涙の谷を渡れ。』188ページ

近年、異常気象や大災害は枚挙にいとまがありません。日本でもここ数年で、東日本大震災、東日本豪雨・大洪水、箱根山・阿蘇山・口永良部島《くちのえらぶじま》の噴火、熊本大地震など、多くの大災害が起きています。また、日本のみならず世界各地で地震、津波、ハリケーンなどの天変地異が起きています。

これらは『太陽の法』第5章で明らかにされているように、文明の末期に起こってくる現象です。大川総裁は、天変地異に込められた神意を人類に伝えるために噴火や地震の原因を霊的に調査し、折々に経典として発刊しています(『熊本震度7の神意と警告』〔幸福の科学出版〕ほか)。それを見れば、神々は人類を滅ぼすためではなく、人類に警告し、真実に目覚めさせるために天変地異を起こしていることが分かります。また、天変地異は、人類の悪想念、間違った思想・行動への反作用として起こっている面もあります。

③ 人口増加による危機

三番目は人口増加です。地球の人口は、いま六十六億人を超えています。二十

年前は約五十億人でしたから、ものすごい勢いで増えていて、百億人に向かおうとしています。

これまでの神々の習性からいけば、神々には、人口が増えると、すぐに文明を滅ぼそうとするところがあります。「人間が、ずいぶん、はびこってきたな」と思うと、文明を壊して滅ぼそうとする〝悪い癖〟が神々にはあるのです。

「いったん洗い流して、ゼロからやり直す」というやり方もありますが、「せっかく人口が増えたのだから、その段階で、正しい考え方や教えを全体に広げる」というやり方もあります。

そこで、「では、正しい教えを広げるために、私が地上に出よう」ということで、私が生まれてきたのです。

『君よ、涙の谷を渡れ。』189-190ページ

人口が増えると、さまざまな紛争や価値観の混乱が起こり、道徳心や倫理観が

低下するため、文明を滅ぼそうとする傾向が神々にはあるようです。

しかし、大川総裁は、文明が滅びることを見るに見かねて、この地上を救うべく降臨され、百億の人びとが平和に繁栄していくために、さまざまな教えを説かれているのです。

人口増加による危機はもう一つあります。

人口問題のなかには、二十一世紀以降の大問題である、「宗教の衝突」という問題があります。

世界的な宗教として、キリスト教やイスラム教などがありますが、今後、人口の増加に伴い、宗教に基づく憎しみ、憎悪による戦争などが起きてくるでしょう。それぞれの宗教には教祖が説いた教えがありますが、後世の人たちは、その教えを変えることはできません。そのため、いま、それらの宗教をまとめる原理、地球全体をまとめる指導原理をつくる必要があるのです。

地球をまとめる指導原理をつくり、広げることができれば、人類の危機は回避できるでしょう。しかし、これを広げることができなければ、文明の崩壊が待っています。

『君よ、涙の谷を渡れ。』190-191ページ

現在、キリスト教とイスラム教の対立が過激化しています。国連をはじめとする欧米諸国は、イスラム国に対して政治的、あるいは軍事的なアプローチで手を打とうとしていますが、それでもたらされるのは憎悪の連鎖でしかありません。

イスラム国に空爆して、一時的に兵力を奪い、鎮静化させられたとしても、彼らのうちには欧米、あるいはキリスト教圏へのさらなる憎悪が湧き上がっています。それがフランスやベルギーでのテロのようなかたちで噴出し、またそれに対して軍事制裁をするという憎悪の連鎖が起こっているのです。

このことからも分かるように、現状の政治的、軍事的なアプローチでは宗教文

明の激突を治めることはできません。この人類の大問題を解決するには、キリスト教でも、イスラム教でも平和裡に融合していく新時代の世界宗教が必要です。だからこそ、大川総裁は地上に降臨され、地球全体を平和裡にまとめる指導原理を説かれているのです。

時代のターニングポイント

大川総裁が降臨された1956年は、霊的な世紀の始まりでもあります。

東南アジアの小乗仏教では、「釈尊入滅後二千五百年」という記念の年に当たる一九五六年に、盛大に法要を行いました。この時期あたりが一つの境目《さかいめ》と考えてよいのです。占星術でも、一九五六年は「宝瓶宮《ほうべいきゅう》の時代」（アクエリアスの時代）が始まる年なのですが、これは霊的な世紀の始まりを意味しているのです。

かくして、一九五六年が一つの大きなターニングポイントだったので、この時期を選んで、私は地上に生まれてきました。（中略）

私は一九五六年に再誕したわけですが、この霊的な普及活動の開始の年は一九八一年に定められていました。一九八一年に定めた理由として、「このくらいからスタートすれば、何とか、二十世紀末までに、まにあうだろう」という読みもあったのです。

『神秘の法』185-186ページ

1956年は、東洋の仏教においても、西洋の占星術においても節目《ふしめ》の年であり、終末の危機が迫る20世紀末に間に合う最適のタイミングでもありました。

大救世主が日本を選んだ理由

大川総裁が日本を選んで生まれたのにも理由があります。日本が東洋と西洋の橋渡しをする地であるからです。

日本には仏教や東洋的な宗教思想、文明の高みと、西洋的な思想や最先端の科学文明が共存しています。だからこそ、仏教とキリスト教、イスラム教を融和し、また現代文明をも融合していく救世運動の最前基地とされたのです。

また、『大川隆法の守護霊霊言』には、日本を選んだ理由が三つ述べられています。

①「白人による植民地支配の歴史に対する修正」

大川隆法守護霊　これは、歴史の計画のなかの一つではあるけれども、白人優位主義による帝国主義的植民地支配が、ここ五百年近く、続いてきた。今、詳《つまび》らかにはされていないと思うが、それを、明確に、歴史として、あるいは、教科書として書いたならば、あまりにもむごい、悲惨な歴史であろうと思われる。

ヨーロッパ人によるアフリカの植民地支配、それから、その黒人奴隷の酷使の仕方。そして、アメリカ合衆国に、人間であるにもかかわらず、家畜のように売り飛ばされていった流れ。こうしたものに対して、「神仏が黙っている」と思ったら、それは問題であろうと思う。

こうした「白人による植民地支配に対する修正」というものが一つにはある。


『大川隆法の守護霊霊言』107-108ページ

近代ではおよそ500年間、白人が有色人種を支配する時代が続きました。その中で、最後の一国ともいわれた日本は明治維新を成し遂げ、近代化し、大東亜戦争を戦いました。これはアジア・アフリカを解放する聖戦で、敗戦はしたものの、結果として白人による植民地支配を終わらせました。

にもかかわらず、現在においても、「日本は侵略国家であり、勝利したアメリカは正義である」というような歴史認識が世界だけでなく日本でもまかり通り（「自虐史観」）、まだまだ白人支配の思想的潮流は続いています。そうした誤りたる暗黒の歴史（認識）に終止符を打ち、全人類がともに繁栄していく文明を創るために大川総裁は日本に降りられたのです。

②共産主義との戦い

二番目の理由として、「**ロシアや中国辺りを中心とした共産主義運動という名の唯物論思想による『神仏の封じ込め作戦』が展開されているので、この両者と戦わなければならない**」と語られています（『大川隆法の守護霊霊言』108ページ）。

日本海を挟んだ隣国には現在、「最後の共産主義国」といわれる中国と北朝鮮があり、かつてはソ連邦もありました。日本は戦後、「自由を守る最前線基地」としての役割を担ってきました。

これらの国の人びとが共産主義の支配から解放され、一人ひとりの自由と人権が重んじられ、「宗教が繁栄する国」となって、アジアに平和と繁栄をもたらす役割を日本は持っているのです。

③ イスラム圏の改革

大川隆法守護霊　もう一つは、「イスラム圏の改革」という目標が残っている。

イスラムにおいても、今から千四百年ほど前にはムハンマドを送り、アッラーの声として新しい宗教を起こさせたけれども、この宗教と政治と経済の結びつきの思想のなかに改善を要する点が多々あり、彼らの宗教のあり方についても全面

的見直しが、今、迫ってきていると思われる。
この三カ点から見て、「それをなしえる発信点はどこか」ということを考えれば、「日本」という結論が出てくる。

『大川隆法の守護霊霊言』108-109ページ

現在、イスラム圏と欧米諸国は激しく対立していますが、日本に対しては両者とも親和的です。この両者を融和し、平和裡に共存共栄していくように導ける立場に立っているのは日本しかないのです。

日本に繁栄の黄金時代をつくろう

そうした使命を果たし、世界を幸福に導くリーダー国家となるためにも、日本はさらなる発展・繁栄を成し遂げなくてはなりません。

結局、私が述べたいことは、「大きな歴史の流れから見て、あるいは、今、天上界から降りている使命から見て、この日本という国が、これから黄金時代を迎えなければ、私たちの使命を果たすことはできない」ということです。

『創造の法』２２８ページ

日本が世界の盟主となり、文明的、宗教的な影響を与えていく国になるという期待は、有識者からも寄せられています。

世界の宗教を包摂・融合できるような宗教が生まれるとしたら、私も長い歴史を見る限り、日本以外にないと思いますね。世界のあらゆる文化・文明を受け入れて、発信できるのは日本しかない。

「世界を救うのは日本しかいない。救世主が出るとしたら日本しかない」
黄文雄、「ザ・リバティ」通巻210号：2012年8月号

これから日本は、宗教的な中心地になると同時に、新文明の発信基地にもなってゆきます。最高度の学問や科学、芸術等を有するエル・カンターレ文明を発信し、世界に繁栄を広げていく基地です。「私たちは、二千年後、三千年後につながる新文明を創っていく」という大いなる使命を帯びているのだということを、改めて心に刻んでいきたいと思います。

3. 主エル・カンターレとともに歩む奇跡

最高の奇跡の瞬間

1991年、大川総裁は、「エル・カンターレ宣言」により、みずからが主エル・カンターレであることを明らかにされました。主エル・カンターレとは、イエスが天なる父と呼び、魂の分身として仏陀を地上に送られ、ムハンマドやモーセを霊的に指導された、神々の主であり、通常、地上に降りられることのない、人びとは出会うことのできない最高、最大、最強の存在です。そういった稀有《けう》なる御存在が、地上に降臨されているのです。

あなた方の前に
大川隆法として立っているこの存在は、
通常、地上には生まれることのない存在であることを。
あなた方は、真の意味において
今、我が名で呼ばれているところのこの魂を見ることは、
今後、地上においても、天上界においてもあり得ない。
それを言っておこう。

『悟りの極致とは何か』123ページ

過去・現在・未来を貫く永遠の魂とはいっても、
現代のように、
この日本に生を享《う》けるほどの、
それほどまでに尊い瞬間は

おそらくないであろう。（中略）

今、あなた方の前に大川隆法として現われている魂は、
この仏陀の魂の本体であるところの
エル・カンターレであるのだ。
あなた方は、そういう瞬間に、いま立ち会っている。

『理想国家日本の条件』43－45ページ

仏典には「盲亀浮木《もうきふぼく》」の寓話《ぐうわ》があります。これは、百年に一度しか海面に浮かばない盲目の亀が、浮き木の穴から顔を出すのと同じほど、生きて仏と相見《あいまみ》えることは難しいというたとえです。

中でも大川総裁は、主エル・カンターレの御本体が降臨された姿です。「**エル・カンターレの本体としての下生は、今回が三回目に当たります**」（『エル・カンタ

ーレ信仰とは何か』25ページ）と言われており、人類史的な奇跡の瞬間なのです。

主エル・カンターレの御本体は、地上が文明史的な危機的状況にあるとき、そして新しい地球文明をつくり出していくときにしか降臨されません。まさに「地球の奇跡」です。それまでの旧《ふる》い時代を終わらせ、新しい地球文明を築いていく御存在が今、降臨されているのです。

「救世主以上のもの」として降臨した主エル・カンターレ

主エル・カンターレの使命は、今までの救世主の使命を大きく超えた領域にまでおよんでいます。

いま、私は「仏陀の使命」から「救世主の使命」へと移行中ですが、さらに、「エル・カンターレの本来の使命」まで進んでいかなければなりません。

救世主となるだけでは充分ではないのです。私の仕事は、その程度のものではありません。

〝救世主〟だけであれば、イエスや孔子、ソクラテスなどの四聖のレベルです。私は、そういう立場ではありません。私は彼らをこの世に送った者です。(中略)

この世において、私に残されている時間は、そう多くはないため、使命を完成することができないかもしれません。しかし、数千年先までの将来を見通し、新しい文明と、さらに、その先に来るものまでを見通して、やるべきことをやっていかなくてはならないと考えています。

私のまく種のうち、現時点では、みなさんに理解できないものも、おそらくあるとは思いますが、やれるところまで行きます。

まだ組織がついてきていないために、実は、私は「大宇宙の法」を説くことができずにいます。私は「宇宙の法」まで説かなくてはいけないのです。次の時代は「宇宙の時代」に入ります。そのときに、いったい、どのような教えが必要になるでしょうか。これまでの、過去の宗教の教えでは対応できないでしょう。

いろいろな銀河の諸惑星には、さまざまな人類が住んでいます。こういう人たちとの交流が次の時代には始まります。

私は、「その時代に、どうすべきか」ということまで、説いておかなければなりません。その時代に備えて、予言をしておかなければいけないわけです。

『君よ、涙の谷を渡れ。』233-236ページ

これから先、宇宙時代が到来し、さまざまな宇宙人との交流が始まれば、価値観の混乱や衝突、それによる人類の大混迷が予想されます。大川総裁は、そうした未来をも見据《す》え、「宇宙時代の善悪」といった宇宙的な仏法真理、宇宙の人びと

をも指導していくような新時代の新しい価値観を説く使命も背負われているのです。

それは、人類が「**過去の常識と決別して、新しい現実に立ち向かわなくてはならない**」時代が近づいて来ているということでもあります（『不滅の法』あとがき）。

未来社会創造の原理

本章において、大救世主がなぜ現代の日本に降臨されたのか、その時代背景を学びました。

私たちの今回の仕事はどれほど大きな使命を帯びたものであるか、この二十世

紀の日本に肉体を持って、いま大号令のもとに、この大きな運動のもとに、みなさんが集っているということは、決して偶然ではないということ、それを知ってください。

『悟りの極致とは何か』２００ページ

今、主エル・カンターレが降臨され、「救世の大号令」が発されています。私たちには、主の降臨を伝え、その法を伝え、一人ひとりを救い、最高度の幸福にまで持っていくという救世の使命、光の使命が与えられています。そのために私たちは地上に生まれ、ここにいるのです。

すべては主エル・カンターレの念いから、言葉から始まっているのです。この救世の情熱を、救世の法を実現していくことこそ、私たちの使命であり、未来社会創造の原理であるのです。

未来社会は、あなたがたの信仰の上に築かれます。
エル・カンターレを信じよ。
さすれば、あなたがたの未来社会が開けてくるのです。

『救世の法』223ページ

TRY!

信仰を深める

日々の信仰生活の中で、大救世主降臨に対する感謝を深める時間を設け、信仰心を深めてゆこう。

【主要参考文献〈大川隆法総裁著作〉】

『永遠の法』以下、幸福の科学出版
『仏陀再誕』
『無限の愛とは何か』
『太陽の法』
『神秘の法』
『大川隆法の守護霊霊言』
『創造の法』
『悟りの極致とは何か』
『理想国家日本の条件』
『不滅の法』
『救世の法』
『君よ、涙の谷を渡れ。』以下、幸福の科学
『エル・カンターレ信仰とは何か』

【その他参考文献】

「ザ・リバティ」通巻210号：2012年8月号、幸福の科学出版

第3章 伝道と救済

1. なぜ伝道するのか

ここからは具体的な救世運動の話に入っていきます。本章では、すべての活動の原点である「伝道」について学び、その担い手としての使命と自覚を身につけていきたいと思います。具体的な伝道の進め方に関しては、続巻で詳しく扱います。

伝道の出発点

なぜ、私たちは伝道をするのでしょうか。
まずは、伝道の原点について大川総裁の御言葉を見て考えてみましょう。

伝道とは、いったい何であるか。
伝道は「道を伝える」と書くが、
伝えるべき道とは、いったい何であるか。
それは、人として歩むべき道、真理の道である。

その真理の道を伝えられていないために、
多くの人間は、歩むべき道筋すら認識できないでいる。
そして、歩むべきでない道を歩み、
みずからは、平坦なる道を楽々と旅しているつもりであって、
その実、
ある者は深い谷に下り、
ある者は沼地に下り、

ある者は断崖絶壁より海に落ちる。
それが、真なる、霊的なる目で見た、人生の真実である。（中略）

真理は、天空の一点から、
ある時代、ある地域を選んで、
一条の光のごとく射してくる。
それが、
いつ光となって射し、
いつ人々の目に触れ、
いつ人々の心を揺り動かすかは、
知るすべもない。
しかし、光が臨んだときに、
「ここに光あり」と感じる人があり、

その光を伝えんとする人が現れる。
これが伝道の原点である。

伝道の原点には、
「真理を知った」という確信、喜び、
そして、その鋭い発見から導かれる、
強い熱意と、忍耐の力、
そういうものが必要となってくる。

『伝道の心』5–11ページ

素晴らしい本や映画に出会うと家族や友人にも伝えたくなるように、自分が素晴らしい信仰に出会い、真理を知ったという喜びは、すぐにでも人に伝えたくなります。ましてや、真理によって人生を救われ、魂がよい方向へ向かっていくという幸福感は何物にも代えがたいものです。その確信、喜びや感動を素直に、純粋に、素朴に出すことが、伝道の出発点なのです。

自分自身が「主を信じることが幸福でたまらない」からこそ、「伝えたい」という強い熱意が湧いてきて、人の心を動かしていきます。もしそれがすぐには伝わらなかったとしても、真理を知った確信があれば、忍耐強く伝道していくことができます。

伝道は、義務でやるものではありません。また、「自分はこれだけ伝道した」という成果を人に見せびらかすために行うものでもありません。

伝道とは心の底から湧き出てやまない幸福を伝えることであり、伝道している人自身もまた幸福になるのです。

伝道は難しいことではありません。楽しいことです。人に道を説くのは楽しいことなのです。

伝道は楽しんでやりなさい。喜んでやりなさい。そうであってこそ本物なのです。苦痛に顔をゆがめ、悲愴感を漂わせていては、物ひとつ売れません。ましてや、他の人の心に真実のものを伝えることはできないでしょう。

伝道は喜んでやりなさい。伝道は楽しいことなのですから、精神が喜びを感じなければなりません。

伝道はよいことです。みなさんはよいことをやっているのです。人びとの心を輝かせ、喜びに満たすことをやっているのです。人びとが喜ぶことをすれば、みなさんは楽しいに決まっています。人が苦しむことをすれば悲しいでしょうが、人が喜ぶことをやっているのですから、伝道は楽しいことなのです。

伝道を楽しんでやれるようでなければいけません。そこを間違ってはいけないのです。

『伝道論』196-197ページ

幸福の科学の支部が一番幸福感であふれる瞬間は、三帰誓願者が誕生したときです。三帰誓願した本人は、その時点ではまだ十分に認識していなかったとしても、奥にある魂は喜びに打ち震えています。幾転生《いくてんしょう》の修行を経て今世生を享《う》け、ようやく魂の親である主エル・カンターレに出会い、弟子として集えたからです。周りの人にとっても、その方を主の下へとお導きさせていただけたことや魂の喜びを共有できることは、何よりの幸福です。

伝道とは人の魂を救うこと

仏法真理を知らないがゆえに苦しみの海の中をさまよっている人はたくさんいます。この世での生き易さに執着し、逆に不幸になっている人がたくさんいます。

この人たちに対して、神仏の代わりに「こちらの正しい方向にいけば幸福になれるのですよ」と真理を伝えていくのが伝道です。

伝道とは、人の魂を救うことであり、非常に大事な仕事なのです。病院では、確かに、「肉体的に死にかけている人を救う」ということをしているかもしれません。しかし、私たちは、病院がしている以上のことをやっています。「肉体の生死を超えて、魂を救う」という仕事をしているのです。それが伝道です。(中略)

肉体を救うことよりも魂を救うことのほうが遙かに大切です。魂を救うことは、神や仏も望んでいることなのです。

『選ばれし人となるためには』264-265ページ

伝道とは、救済そのものです。

もし間違った思いで生活し、死んだならば、悲惨な未来が待っています。今よりずっと苦しい世界で人生の何十倍もの時間を耐えねばならない人もいます。あるいは、あの世の知識を持たずに自殺した人は、寿命が来るまでの間、自殺をくり返すことになります。また、神仏を否定し、唯物論を信じている人を死後、天使が救いにいったとしても、幻だと否定されて話を信じてもらえません。自分が霊になった自覚がないからです。

だからこそ、生きているうちに真理を伝える必要があるのです。

亡くなった人を導くときには、その人があの世を信じている場合がいちばんよいのですが、信じていなくても、それについて知識を持っているだけでもよいのです。何も知らない場合が、いちばん手ごわく、難しいのです。(中略)信仰のレベルまで入っている場合がいちばんよいのですが、そこまで行かなくても、たとえ薄い知識であろうと、多少なりとも、あの世についての知識がある場合には、導くのは極めて楽です。
知識がまったくない場合ほど、苦労するものはないのです。
この世で説得しようとして、うまくいかない相手は、あの世へ行っても、まったく同じです。頑固者は頑固者なのです。(中略)
基本的には、まずは、うっすらでもよいので、知識を入れるところから始めなければいけません。うっすらと知識を入れ、さらに、ある程度、深い知識を持ち、信仰にまで至っていただければ、亡くなってからあとが早いわけです。

『永遠の生命の世界』122-128ページ

生きているうちに神仏を信じていただき、神仏の教えに沿って生きていく人生にお導きするということは「最高の与える愛」です。死んでからでは遅いのです。
私たちの周りの人、一人ひとりの顔を思い浮かべてみたとき、残されている時間は決して多くありません。だからこそ、伝道を急がねばなりません。

伝道とは「絶対の善」

中には伝道を、ものを売りつけたり、ただ会員数を増やしたりする営業と同じようなものと誤解して、批判してくる人もいるかもしれません。しかし、伝道は人から何かを得ようとするようなものではありません。後ろめたさを感じるような「奪う愛」の行為ではないのです。

法を布施《ふせ》せんとすることは、
飢えたる人に、
食事を提供すること以上のものであるのだ。

また、衣服を持たぬ人々に、
衣服を提供すること以上のものなのだ。
宿を持たぬ者に、
一夜の宿を提供すること以上のものであるのだ。
それが、
法を布施するということなのだ。
教えを説くということなのだ。
仏法真理を弘めるということなのだ。
これは、その行為自体が絶対の善であるのだ。

『永遠の仏陀』131-133ページ

伝道とは、「法を布施する」ということです。布施とは、他の人のために何かを差し出す行為のことですから、これは「完全なる与える愛」であり、「絶対の善」

です。

「伝道は絶対の善である」ということを、どうか確信していただきたいと思います。この確信が、伝道における強さになります。

相手の魂にとって、数百年、数千年以上の行き先がかかっているのに、一度断られた程度で引き下がってしまうようではいけません。「弱々しき善人」ではいけないのです。もし、「このままでは相手が間違った方向に進み、何千年と苦しむ」と分かっているならば、たとえ断られたとしても何度でも何度でも粘り強く伝道し、正しい道へと誘《いざな》うことこそが本当の愛ではないでしょうか。

たとえば、御法話拝聴にお誘いしても断られたり、献本しても読んでもらえなかったりするかもしれません。心ない言葉が返って来ることがあるかもしれません。けれども、そのとき伝えた一言は、相手の心に残っているかもしれません。そのとき渡した本は、すぐに読んではもらえなくとも、いつか読みたくなる時期が来るものです。私たちが愛の思いで差し出した一言、その一冊が、相手の心を変えていく時期が必ず訪れることを信じることです。

実際、幸福の科学で伝道活動を熱心にしている方の中にも、「はじめは伝道されても断っていた。しかし、そのとき諦めずに伝道し続けてくれた人がいるおかげで、今、自分は幸福の科学にいられて、一生懸命伝道を続けてくれたことに感謝している」という方は大勢います。

伝道するということは、その人が魂の真なる幸福を得るか、それとも無明の苦しみの中で生きるかという人生の大きな選択を迫ることでもあるのです。それを知り、粘り強く伝道を推し進めていくことです。

智慧を押し広げていくことを伝道と呼んだのです。
そして、智慧を押し広げることは、同時に慈悲であり、多くの人々の苦しみや悲しみを取り除く行為です。それは、また愛の実践でもあります。慈悲にして愛、愛にして行動の原理が伝道です。これが大事なのです。

仏陀は、智慧を個人のものとせず、人類の共通財産、共通の宝として、他の人と共有しようとしました。これが伝道への熱意になったのです。

真理というものは、より多くの人に理解してもらう必要があります。なぜなら、真理は多くの人を幸福にするからです。

自分は幸福になる方法を知っているのに、それを他の人に教えないということは、やはり情けないことだと思います。（中略）

伝道、教化《きょうけ》、布教といわれるものは、智慧の部分を押し広げていくことです。それが仏弟子の仕事であると言ってよいのです。

『大悟の法』265-266ページ

智慧がないために迷妄《めいもう》の苦海から抜け出すことができない人びとに、智慧を押し広げていくことを「慈悲」といいます。伝道は、慈悲そのものなのです。

信じているから、伝えたくなる

大川総裁は、『信仰と愛』において、「信仰深く生きていると言いながら、愛を与えることなくして生きているということはない」「信仰が本物であればあるほど、あなた方の愛は深まり、あなた方の愛は本物となってゆく」と教えてくださっています（87-88ページ）。

これは、「信仰即伝道」「信即行」という教えにつながっていきます。

「布教即信仰、信仰即布教」、そして、「布教即修行、修行即布教」です。こういうシンプルさを持たなくてはいけません。（中略）

「信仰があるのなら、やってみせよ」ということであり、「信仰即伝道」「信即行」なのです。

すなわち、「信じたならば、行いで示せ」「信即行、行即信」「信仰即伝道、伝道即信仰」「信じているのなら、伝道せよ。伝道をしているのなら、『信仰している』と言える」ということです。

そして、その伝道もまた修行なのです。「伝道、あるいは、大きな意味での布教は、信仰であり、修行なのだ」という考え方を、しっかりと持ってほしいのです。

信仰を持ったなら、行動したくなるはずです。その行動の中身は何かというと、布教です。そして、布教は修行でもあるのです。

簡単に言えば、宗教というものは信仰と伝道ですが、伝道のなかに、実は修行そのものが含まれているのです。

そういう考え方を持たなければ、もう一段、この教えを押し広げていく力にはならないのです。

『愛、自信、そして勇気』169-171ページ信仰とは主エル・カンターレと一体となることであるとも教わっています。信じているから、主に近づいていきたいと願う気持ちが強くなるのです。

主と一体となるには、どうすればいいでしょうか。それは、主と同じ願いを持ち、その悲願を成し遂げようとすることです。「一切衆生救済」の願いを自分の願いとして実現せんとする姿勢、情熱こそ、「信仰即伝道」といえるでしょう。

たとえ、伝道する中で失敗や挫折があったとしても、その経験は、より愛を深め、救済力や智慧を磨いてくれます。伝道することは菩薩や如来の高みに向かう修行そのものであり、仏へと向かっていく道なのです。

2. すべての人が仏法真理を知る時代をつくる

「すべての人」に目覚めのきっかけを与える

現在、地球の人口は急激に増えています。主エル・カンターレとともに生まれ、その教えを学び、ともに活動していこうという強い願いを持って、多くの魂が生まれています。しかし、地上に肉体を持つと、その願いを忘れてしまいます。だからこそ、生まれてくる前に立てた人生の目的と使命を自覚する機会を、すべての人に差し出すことが大切なのです。

私は、すべての人が仏法真理を知る時代を創りたいのです。

そのためにも、日本にある数千万世帯に、その一戸一戸の本棚に、幸福の科学の書籍をすべて並べてほしいのです。仏壇や神棚の代わりに仏法真理の書籍を並べ、そして、親が勉強するだけでなく、その子供たちも仏法真理を勉強して育つようになってほしいのです。どうしても、そこまで行かなければなりません。

したがって、伝道の対象は「すべての人」です。

国内だけでなく、海外もそうです。あと数十年のうちに、そこまでやらねばなりません。

だからこそ、日本で早く仏法真理を確立しなければならないのです。「幸福の科学という仏法真理の団体があり、人びとをほんとうに幸福にしている」ということを知らしめる必要があるのです。

『伝道論』198-199ページ

中には、宗教に対する偏見を持ったり、神仏を蔑《ないがし》ろにしたりし、「本当にこの人は、主と出会うために生まれてきたのだろうか」と疑いたくなるような人もいるかもしれません。しかし、すぐには目覚めない人であっても、「真理を学びたい」という思いは必ず持っています。魂の奥底では、粘り強く説得され、目覚めさせてくれることを待っているのです。

なぜなら、人間には「仏の子」として誰もが持っている「信仰の本能」があるからです（『繁栄の法』128ページ）。それを信じて一人残らず、すべての人に伝道するのが私たちの使命なのです。

「地の果てまでも伝道せよ」

大川総裁は、2007年より海外巡錫《じゅんしゃく》を始められ、2012年に五大陸御巡錫を成就なされました。その率先垂範《そっせんすいはん》を通じて掲げられたスローガンが「地の果てまでも伝道せよ」でした。

「伝道の原点」というテーマで、最後に言っておきたいことは、「志の大きさ」です。やはり、志を大きく持たなければいけません。

少なくとも、私は、大川隆法第一声（幸福の科学発足記念座談会）において、「仏教、キリスト教、イスラム教、儒教、神道、哲学など、全部を乗り越えていく」というように言っていました。

二十五年たった今、私は、それを実践するために世界中を回っていますし、現実にそういう立場に立ちつつあります。まだ、完全ではありませんが、世界は、今、私から発信されているものを羅針盤として感知し、「どちらの方向に世界が動いていくべきか」という判断基準に使おうとし始めています。それを知らなくてはいけません。

その意味で、幸福の科学は、「どちらの方向に向かうべきか」という北極星の役割を担い始めているわけです。
二十五年たって、ここまで来ましたが、幸福の科学には、これからの五年、十年、二十年で、もっともっと大きな影響力と、もっともっと大きな権威が出てくるでしょう。（中略）
私たちの仕事は、「口先だけで言っている」と思われがちですが、だんだん現実として現れてきています。
「地の果てまでも伝道せよ」と言ったところ、今、すでに九十カ国にまで広がっているのです（説法時点。二〇一二年十二月には約百カ国）。

『伝道の原点』66－71ページ

大川総裁が「地の果てまでも伝道せよ」という大号令をかけられると、それまでなかなか進まなかった海外伝道が、一気に勢いを増しました。これは、大川総裁ご自身が不惜身命《ふしゃくしんみょう》で巡錫される率先垂範の御姿を見て、「支部を建てたくらいで満足していてはいけない。この国の隅々まで、一人残らず救っていくのだ」と、弟子たちが大きな志に燃えたからです。

大きな志を立て、魂が打ち震えるほどの情熱を持ったときに、奇跡は起こります。世界各地の伝道活動において、奇跡のような事例がたくさん出てきました。

たとえば、フィリピンの講演会では一般参加者の9割を超える2100人がその場で入会し、フィリピン支部も拠点開設からわずか2年で信者数が40倍にまで急増しました。インド・ブッダガヤの講演会では多くの人が駆けつけ、4万人を収容したテントの外に数万人があふれる事態になりました。御巡錫後もその勢いは広がり続けています。こうして、海外伝道は大きな前進をはじめたのです。

大川総裁の救済の思いは、日本人だけが救われればいいというものではありません。あるいは都市部の人びとだけ、先進国の人びとだけが救われればいいというものでもありません。どうか、師と同じくらい大きな志を持ってください。

ＨＳＵの地球ユートピア記念碑にも〝Spread this truth to the end of the world!〟と刻まれています。ＨＳＵ生の一人ひとりに「地の果てまでも伝道せん」という志を立てていただきたいと思っています。

3．主エル・カンターレの降臨を伝える

宗教の違いを超えて

２０００書以上書籍を発刊されている大川総裁の一冊目は、『日蓮聖人の霊言』（潮文社、１９８５年発刊。現在は『大川隆法霊言全集　第1巻』〔幸福の科学

所収）です。サブタイトルは「今、一切の宗派を超えて」でした。教団ができる前から大川総裁には、「一切の宗派を超えていく」というビジョンがあったのです。

幸福の科学においては、「エル・カンターレ」という言葉も使っています。この言葉を初めて聞く人も多いでしょうが、簡単に言えば、「仏教やキリスト教、イスラム教などの世界宗教をすべて束ね、精神的な柱になる使命を持った存在として、エル・カンターレという存在があるのだ」ということです。

『救世の法』35ページ

あらゆる宗教の違いを受け入れつつ、それらを平和裡に融合して一つの方向に向かって行く――それができるのは、幸福の科学だけです。それだけの教えの高みと広がりを持っているのです。

それは、今までに大川総裁が600回以上霊言を収録されており（2016年7月時点）、その中には仏教やキリスト教、イスラム教、神道など、あらゆる宗教の教祖や宗教家も発言していることからも分かります。こうした霊人たちが大川総裁の下に降臨されるということは、天上界においては既に、主エル・カンターレの下にあらゆる宗教が一体になっているということなのです。そして地上の宗教もまた、主エル・カンターレの下で一体にならなければならないということなのです。

それは、他の宗教をつぶしたり、排斥したりすることで一つにまとまるのではありません。他の宗教の信者であっても、主エル・カンターレを信じ、幸福の科学で仏法真理を学ぶことができます。宗教ではたいへんめずらしいことですが、幸福の科学はそれだけの寛容性と教えの多様性を持っているのです。

魂の救済に関して、幸福の科学は、宗派を問わず、すべての人々を救済することを目指しています。

実際、インドに巡錫したときには、ジャイナ教徒やヒンズー教徒、仏教徒など、いろいろな人々が集まってきましたし、キリスト教国に巡錫したときにも、クリスチャンたちが集まってきて、真理にきちんと耳を傾けてくれました。

宗派など関係がないのです。そういうものは、この世の人間がつくった一種の組織の違いにしかすぎず、言ってみれば、会社の違いのようなものなのです。つまり、「どの会社が正しくて、どの会社が間違っている」というようなものではないのです。

宗派の違いは、あくまでも地上の人間の住み分けの問題にすぎないため、幸福の科学は、すべての人々を救済の対象にしています。

したがって、今まで信仰していた宗教等で救われない人がいたら、亡くなったあとからでも構わないので、どうぞ、幸福の科学に救いを求めてください。そして、大川隆法の名を呼んでください。あるいは、エル・カンターレの名を呼んでくださっても結構です。それが、現代においては阿弥陀如来の代わりになるものです。

その名を呼んでいただければ、救済の光は必ず降りてくるはずです。

『逆境の中の希望』94－95ページ

このように、今までにないスケールで諸宗教、諸宗派を統合し、現在や未来の人びとまでをも救済できる教えを信じていることに、誇りと自覚、そして喜びと情熱を持っていただきたいのです。

私が支部で支部長をしていたときにも、キリスト教徒やイスラム教徒の方が三宝帰依《さんぼうきえ》され、幸福の科学でともに学ばれていました。これも主エル・カンターレの救済力の一つの証明であるといえるでしょう。

私たちが信じているのは「地球の光」という存在

信仰心を持ちなさい。その対象たる、新しく知らされた地球の至高神の名は「エル・カンターレ」という。「うるわしき光の国・地球」、より簡単に言えば、「地球の光」という意味である。かつて釈尊は「アジアの光」と呼ばれたが、エル・カンターレは、まさしく「地球の光」である。もっと簡単に言えば、仏教、キリスト教、イスラム教などの生みの親である。救いの時代がやってきたのだ。

『救世の法』あとがき

主エル・カンターレとは、イエス・キリストが「わが父」と呼んだ存在であり、仏陀の魂の親であり、ムハンマドを地上に送られた方です。

主エル・カンターレとは神々の主であり、地球系霊団の最高指導者です。

そうであるならば、地上のあらゆる宗教は主エル・カンターレの下に一つにならねばならないということを意味しています。神々の主が降臨されているからこそ、地球上でバラバラになって対立している諸宗教を一つにすることができるのです。

私たちはこれから、他の宗教の方たちに「主エル・カンターレは神々の主である。キリスト教、仏教、イスラム教の生みの親である。天上界から指導された御存在である」ということを、自信を持って伝え続けていかねばならないのです。

「永遠の後悔を残すことなかれ」

第2章でも触れましたが、主エル・カンターレの御本体が地上に肉体を持たれたのは、人類史上三度目です。長い歴史から見れば一瞬の出来事です。私たちの永遠の転生輪廻の中でも、二度とない奇跡です。

生きて仏に相見《あいまみ》えることができた者は、また幸いである。

生きて仏に相見え、仏の声を聴き、
仏の姿を見ることができた者は、幸いである。
その幸福は、おそらく幾千万年、幾億年の幸福に匹敵するであろう。
また、仏の世に生を享け、仏の世に仏に巡り合い、
仏の教えを聴き、
そして仏の教えをよすがとし、縁として、
そして悟りに到ること、これまた難し。
そのようなことは、
希有《けう》なる幸福であるということを知らねばならない。

『仏陀再誕』268-269ページ

このことに思いを巡らせると、残された数十年がいかに短く、貴重な時間であるかが分かります。その間にどれだけ主エル・カンターレと一体となって、その理

想を実現するために力を発揮できるかは私たち自身の努力にかかっているのです。
今日よりのち、一切の余力を残すことなく伝道に邁進《まいしん》してまいりましょう。

私がこの世に現れるのは一瞬です。
その一瞬の機会を逃すことなかれ。
永遠の後悔を残すことなかれ。
決して、決して、来世において後悔することなかれ。

いま、真理が説かれています。
いま、真なる仏陀が地上に生まれ、
全世界の人々を救わんとしています。
残された時間は有限です。
あなたがたの力が必要なのです。
数多くの力が必要なのです。

それなくして、
世界の隅々にまで、
この仏法真理を届けることはできません。
どうか、信じてついてきてください。

『君よ、涙の谷を渡れ。』174-175ページ

TRY!

伝道の心を深める

本章で引用した箇所以外にも、経典には「伝道の意義」が数多く説かれている。その「伝道の意義」について、可能な限り探し出してみよう。そして、「なぜ、伝道が大切なのか」についてまとめ、法談してみよう。

【主要参考文献〈大川隆法総裁著作〉】

『永遠の生命の世界』以下、幸福の科学出版
『永遠の仏陀』
『大悟の法』
『信仰と愛』

『繁栄の法』
『救世の法』
『逆境の中の希望』
『仏陀再誕』
『伝道の心』以下、幸福の科学
『伝道論』
『選ばれし人となるためには』
『愛、自信、そして勇気』
『伝道の原点』
『君よ、涙の谷を渡れ。』

第4章

救世の歴史①

大伝道への序曲
（1986年～1990年）

HAPPY SCIENCE

1. 主エル・カンターレの「慈悲」と「智慧」を学ぶ

本章から第7章にかけて、教団の救世運動の歴史を振り返ってみたいと思います。「救世論」の一環として教団史を学ぶ狙いは二つあります。

一つ目は、「この地上の人びとを一人残らず、あまねく救っていきたい」という主エル・カンターレの御慈悲を感じとるということです。その悲願を叶えようとされる御姿はまさしく、「不惜身命《ふしゃくしんみょう》」です。30年の教団の歩みを知ることで、主の絶えることのない救世の情熱を感じとり、その情熱と一体となっていただきたいと思います。

二つ目は、救世の叡智《えいち》を学びとるということです。

幸福の科学は、六畳一間《ろくじょうひとま》の小さな事務所から始まりました。そして、試行錯誤を通し、逆境からも教訓を得て、イノベーションに次ぐイノベーションを重ね、現在のような大教団にまで成長したわけです。

立宗より現在までの十年間には、困難なことが数かぎりなく出てきましたけれども、いつも智慧と勇気によって乗り切ってきたという気がします。

毎年毎年、新しい問題に立ち向かわねばなりませんでしたし、ときには、半年ごと、三ヵ月ごと、あるいは一週間ごとに、新しい問題が出てきたこともあります。

そのたびに、立ちはだかる問題を解決すべく、ダイナマイト的な思考を使ったこともあれば、岩のような問題を細かく砕いて細分化し、取り除いたこともあります。あるいは、まったく予想もつかないような迂回《うかい》戦術をとり、大きく山越えをして進んだこともあります。

そのように、さまざまな新しい方法を編み出して運営してきました。

「永続的な発展に向けて」『幸福の科学立宗10周年記念誌』7ページ

キリスト教においても「キリストにならいて」ということがよくいわれていますが、私たちも師である大川総裁の後ろ姿に学んでいきたいと思います。その意味で「主の救世の歴史を学ぶ」とは、「第二の経典を学ぶこと」といえるかもしれません。

教団史を通じて主の「慈悲」と「智慧」を学ぶことは、21世紀の救世運動の主役となっていくステップとなるでしょう。

2. 雌伏《しふく》の時代

幸福の科学の救世運動としての基本指針

本章では、１９８６年から90年の伝道の序曲にあたる段階を見ていきます。

幸福の科学は、「真理の学習団体」として始まりました。東京の西荻窪《にしおぎくぼ》にあった総合本部には「人生の大学院」という看板が掲げられていました。大学では学べない高度な智慧を学んでいくという幸福の科学の教えの高みを象徴する言葉であったと思います。

87年5月に行われた第二回御法話「愛の原理」において、救世運動の予言がなされました（26ページ参照）。

ここで、「原理シリーズ」について説明します。87年から88年までにかけて、「幸福の原理」「愛の原理」「心の原理」「悟りの原理」「発展の原理」「知の原理」「ユートピアの原理」「救世の原理」「反省の原理」「祈りの原理」という十大原理が説かれました。これらは、経典『幸福の原理』『悟りの原理』『ユートピアの原理』に収められています。

その内容は力強く、人生を輝かせる高度な智慧に満ちあふれており、宗教は〝弱き者〝社会でうまくいかなかった人たちを救うもの〟という当時のイメージからはかけ離れたものでした。

しかし、幸福の科学が登場し、「宗教は最高の質や高みを持つものである。自助努力の精神を持てば、真の智慧を得ていくことができる」ということを示したため、それまでの「宗教」に対するアンチテーゼとして、大きなインパクトを社会に与えました。この原理シリーズは、幸福の科学の教えの骨格を示しています。

さて、「愛の原理」で説かれた予言の第一段階は、宗教改革です。日本中を幸福の科学の教えで満たしていこうということであります。

第二段階としては、政治、経済、教育、芸術など、さまざまな分野における改革が挙げられています。つまり、「エル・カンターレ文明をつくる」という活動です。これはHSUがめざしている「諸学問の統合」「新文明の創造」にあたります。

第三段階は世界伝道です。

2007年以降、大川総裁は「地の果てまでも伝道せよ」と号令をかけられ、その結果、世界100カ国以上に信者が誕生していますが（2016年7月時点）、まだまだ過程段階にあります。

この三段階の予言が説かれた当時、会員数は500名くらいだったそうですが、そのとき既に、30年後の私たちが推し進めようとしている三大革命（「霊性革命」「政治革命」「教育革命」）と、さらにその先まで含めた世界伝道の道筋が示されていたのです。ある意味で、この「愛の原理」で説かれてた予言の成就が私たちの使命であり、原点です。そのために私たちの人生があるともいえます。

進むべき道に迷ったときは、この原点に立ち返ると良いでしょう。

真理の探究・学習・伝道

幸福の科学が立宗した１９８６年から89年までは、教団の基礎固めの時期でした。驚くべきことに当時は、入会を希望する全員が入会できるわけではなく、経典を10冊読み、入会願書を出して合格しなければ会員になることはできなかったのです。当時の合格率は４割で、５割は入会まで半年（もしくは1年）待機、残り1割は不合格でした。当初は大川総裁みずから判定をされていました。

実は私も入会願書を送った結果、半年待機になりました。待機中の半年の間に自分の信仰心や、法を求める心のどこが間違っていたのかを振り返り、反省を深めました。そして「入会して学ばせていただけるのはどれほどありがたいか」という謙虚さや感謝の心を学ぶことができました。この入会願書制は会員数が約1万人になるまで続きました。

1989年12月に両国国技館で行われた第９回講演会「悟りの極致とは何か」。

宗教であれば広げようとするのが常識でしたから、入会資格、願書制を設けた宗教団体というのは幸福の科学が初めてであっただろうと思います。また、立宗後、５月研修をはじめとするさまざまな研修制度や仏法真理学検定試験、初級、中級、上級、研究員といった資格制度、セミナー制度などが整備され、現在の幸福の科学の修行制度の原型が構築されました。こうした基礎固めは、大伝道に向けた助走でもあったといえます。

私たちは、伝道ということも、もちろんやっていくつもりです。全国伝道、それから海外伝道、こうしたことをこれからやっていくけれども、（中略）ひじょうに地盤固めを大事にしているのです。幸福の科学の教えは、「内から外へ」「土台から柱へ」というのが基本方針なのです。（中略）

何を人に伝えるのですか。何を伝えていいのかわからないのに伝えようとしてはいけないのです。これはイエス様が言っているように、目の見えぬ方を盲目の方が導こうとすれば、二人とも穴のなかに落ちてしまう、こういうことなのです。（中略）

ですから、まず探究・学習あっての伝道です。そういうことで最初の一、二年はがまんして、私たちは幸福の科学を真理の学習団体として、がんばりたいと思っているのです。（中略）

まず最初の二、三年の間に、私は、真理の知識をある程度体得して人びとに法を説ける人をつくりたいのです。講師の養成と言ってもいい。伝道の核になる人の養成と言ってもいい。

『幸福の原理』50－53ページ

このように、中核となる人材をつくってから広げていくという戦略の下、徹底的な人材養成が推し進められました。これは「外へ向かっていくための内部固め」であり、「さらなる発展をめざしていくための土台固め」の時期であったといえます。この頃から大川総裁は大伝道を見据《す》えて、着実なる基礎づくりをなされていたのです。

ここから学ぶ教訓としては、ＨＳＵ生の皆さまが真なる伝道者となっていくためにも、「探究・学習・伝道」のプロセスをおろそかにしてはならないということです。現在、ＨＳＵで一生懸命勉強し、悟りの探究をしているのは、自分自身が全世界で救世運動の主役となっていくために、深く、しっかりとした根を培《つちか》い、基礎固めをするためであるのです。

3．学習団体から伝道団体への飛翔

大伝道のはじまり――スタート・サンライズ'90――

1990年、「サンライズ'90」という活動が始まりました。これは、「学習団体」から「伝道団体」へのイノベーションとなりました。

その当時、「真理の学習団体である」ということが、幸福の科学の会員にとっての〝アイデンティティ〟になっていました。「こんなに高度なことを勉強している団体はほかにはない」という誇りもあったのです。しかしそれが、伝道しないことへの言い訳となり、信仰者としての「逃げ」につながっていたことも事実でした。「学習あっての伝道であり、学習が終わっていないのでまだ伝道はできない」といって自分の学習ばかりしていたのです。私自身の反省でもありますが、そもそも、大伝道のための土台づくりであることを忘れていたのです。
そこで大川総裁は、衆生救済を推し進めるべく「伝道宣言」をされました。

今こそ実践の時は来たれり、伝道の時は来たれりということを宣言するために、この研修会に集ったのではないでしょうか。みなさんは、数多くの書物を読み、テープを聴き、そして学んでこられたでしょうが、よくよくその目を開いて、幸福の科学の教えが何であるかを知っていただきたい。幸福の原理の第一原理は、愛の原理ではなかったでしょうか。（中略）与える愛の根本は何ですか。仏より与えられた多くのものに気づいた時に、私たちはこのまま座していることができないということではなかったのですか。（中略）多くの同胞に、まだ気がつかない人びとに、この真理をひと言でも、一行でも伝えるということではないですか。（中略）なぜ真理を語ることが恥ずかしい。（中略）その羞恥心《しゅうちしん》と闘え。（中略）それは他人との闘いではない。それは魔との闘いでも、悪霊との闘いでもない。それは弱い己自身との闘いであるということを知らなくてはならない。（中略）

真理に生きる者は強くなくてはならない。（中略）

今こそ、我らが立ち上がるべき時。来年こそ、そのスタートの時です。90年代は、我らにとって、まさしく闘いの時であります。

1989年初心者研修「スタートサンライズ'90」

このサンライズ'90は、その名前が意味しますように、「日本全国に真理の太陽を昇らせる」ということが目標であります。真理の太陽を、まず上げて、日本全国を照らせるところまでいかなければならない。あと、その光が行き渡るかどうかが、個別具体的な仕事となってくるわけですね。（中略）

本年の活動の基本テーマ、基本理念は何かと言いますと、要するに幸福の科学というところは、幸福の生産工場であり、また幸福の販売会社であるということ

です。（中略）
二番目が活動理念ですが、（中略）まず五万人の幸福の生産者を作るというのが目標だということです。（中略）そして、次は幸福の花束ですね、幸福という花を一千五百万本、要するに差し上げたいわけです。（中略）
すでに「伝道の時は来たれり」という小文にも出ておりますけれども、私たちの最大の敵にして、最初の敵は、羞恥心であります。恥ずかしいという気持ちがあったのでは、どうしても私たちのこの運動が活発化していくことはありません。

「サンライズ'90の基本方針」月刊「幸福の科学」通巻第35号：1990年2月号

「幸福の生産者」とは、幸福を生み出していく正会員のことです。「幸福の花束」とは献本にあたります。90年の年初において約1万2000〜3000人だった会員数を、年末までに5万人に増やすという目標と、「1500万冊の献本をしていこう」という目標が掲げられました。

当時の会員にとって伝道活動の最大の敵は、自分自身の羞恥心でした。当時は、宗教法人ではなかったこともあり、「自分は宗教の信者ではない。真理の学習団体に入っているだけだ」という雰囲気があったのです。しかし、大川総裁より「伝道宣言」を賜り、また、大川総裁の大講演会で、伝道を鼓舞《こぶ》する力強い光の言魂のシャワーを浴び、信者たちの信仰心が奮い立ちました。

私も、非常に勇気の要ることではありましたが、職場の同僚一人ひとりに経典を献本し、関心を持っていただいた方には御法話のカセットテープをお渡しして、伝道しました。この時期の「学習団体」から「伝道団体」へのイノベーションは、会員一人ひとりにとっては「会員」から「信者」へのイノベーションでもあったのです。

そして、同年7月に行われた講演会「勝利の宣言」において、年末を待たずに5万人をはるかに超える7万7000人の伝道を達成。第一の「勝利の宣言」が

1990年7月に盛岡市アイスアリーナで行われた講演会「勝利の宣言」。

なされたのです。

大川総裁は、さまざまな機会に、あらゆる角度から、何度も何度も伝道の大切さを説いてくださいました。その率先垂範《そっせんすいはん》のリーダーシップによって、信者の自己変革とともに、真理の学習団体から伝道団体へのイノベーションが進んでいきました。

かつて釈尊が「伝道宣言」において、「二人していくな。一人していけ」と言って弟子たちを各地に派遣し、伝道活動を開始されたように、幸福の科学においても「伝道宣言」

がなされ、大伝道がスタートしていったのです。「救世団体」としての幸福の科学の姿が世の中に台頭し始めた瞬間でもあります。

学習即伝道、伝道即学習

伝道活動が本格化してくると、「学習即伝道」「伝道即学習」という教えの実践が活動の中核に据えられました。

「学習即伝道・伝道即学習」とは、「週に最低一冊以上の真理の書を読みなさい。週に一冊以上の真理の書を読んだら、週に最低ひとり以上の人には真理の種を播《ま》きなさい。真理の話をしてみなさい」ということです。

『悟りの極致とは何か』95ページ

大川総裁は全人類救済に向けて、次々と新しい教えを説いておられますので、前述したように「すべてを学び尽くすことができたら伝道しよう」と考えていては、いつまでたっても伝道はできません。「学んだら伝道せよ。そして、伝道しながら学びを磨け」ということ、これが、「学習即伝道」「伝道即学習」です。

真実、真理を学べば、
学べば学ぶほどじっとしていられないはずだ。
そうでなければ、それは嘘だ。
表面だけだ。かたちだけだ。言葉だけだ。
本当のことだと知ったら黙っていられない。
そして、学びは即伝道となるはずです。

「学習即伝道」「伝道即学習」となってゆくはずです。
学べば学ぶほどに、伝えたいことは胸のなかに込みあげてくる。
抑えることができない。
そして、人に語れば語るほど、人を導かんとすればするほど、
己れの対機説法の能力の不足に悩んで、
さらに勉強を続けなければいけないと思わなければ、嘘であります。
ゆえに、「学習即伝道」であり、「伝道即学習」であり、
このくり返しでもって、
あなた方は限りない高みへと昇ってゆくはずなのです。

『信仰と愛』90-91ページ

これは、言い換えれば陽明学の「知行合一」の精神です。
私自身も経験がありますが、伝道を実践していく中で十分に仏法真理の魅力を

伝えられなかったり、相手の質問に答えられなかったり、入会をお断りされたりすることも少なくありません。しかし、そうした中、みずからの未熟さを反省し、より一層、仏法真理を深く学んでいくことで伝道力は磨かれていくのです。

学習と伝道は、一見、相矛盾するものです。学習を深めようとすれば一人で教学をしたり精神統一したりする「上求菩提《じょうぐぼだい》」の時間が必要になり、伝道がおろそかになりがちです。逆に「下化衆生《げけしゅじょう》」である伝道を押し進めようとすれば、学習がおそろかになりがちです。しかしながら、「学習と伝道」あるいは「上求菩提と下化衆生」という相矛盾するものを統合していく中に、人びとを感化する「徳」が生まれてくるのです。つまり、創意工夫を重ね、「学習」と「伝道」の両輪をまわしていく循環の中に、救世運動の発展があるのです。

TRY!

実践を振り返る

自分が学習した仏法真理を実際に行動に移せているか、また、他の人に伝えることができているのか考えてみよう。また、伝道を通じて、より一層の仏法真理の学びを深めているか、「学習即伝道」「伝道即学習」というサイクルから考えてみよう。

【主要参考文献〈大川隆法総裁著作〉】
『幸福の原理』以下、幸福の科学出版
『悟りの原理』
『ユートピアの原理』

『悟りの極致とは何か』
『信仰と愛』
『太陽の法』
『仏陀再誕』
『無限の愛とは何か』
「永続的な発展に向けて」『幸福の科学立宗10周年記念誌』以下、幸福の科学
『伝道論』
「サンライズ'90の基本方針」月刊「幸福の科学」1990年2月号

【その他参考文献】

『幸福の科学3周年記念誌』幸福の科学

第5章

救世の歴史②

本格的救世運動の開幕
（1991年～2006年）

HAPPY SCIENCE

1. ミラクル計画

ミラクル宣言

1991年は「ミラクル宣言」（月刊「幸福の科学」1991年1月号掲載）よりスタートしました。2月17日には横浜アリーナでの大講演会で「ミラクルへの出発」が説かれます。

天上界より光の矢は放たれた。
本年をミラクルの年にせよと。

サンライズ計画で全国にあがった仏法真理の火の手は、
導きの手を求めている。
ならば、
この白き手を振りおろそう。（中略）

仏は必ず奇蹟《きせき》（ミラクル）を起こし給《たも》う。
この奇蹟をわれらが手で手伝い、
われらが目で見ようではないか。

信じ、期待し、その成果を確信する者の前に、
必ずや〝ミラクル〟は起きる。
われらこそ偉大なる歴史の扉を押しひろげる人間なのだ。

「ミラクル宣言」『無我なる愛』14-16ページ

「ミラクル計画」とは「**一九九一年から九三年までの三ヵ年で、日本でナンバーワンの宗教団体をめざ**」すもので（『フランクリー・スピーキング』25ページ）、その目標の一つ目は「**全日本的な宗教ブームを起こすこと**」でした（『「宗教の挑戦」講義』10ページ）。

一つ目の目標は初年度で達成しています。第2章でも触れましたが、20世紀末は、1999年で人類が滅亡するという「ノストラダムスの予言」がとりざたされるなど、世紀末的な考え方が蔓延《まんえん》した時代でした。幸福の科学の会員もだれもが、「このままこの科学偏重文明が続いていったら人類の歴史は終わってしまう」という危機感を持っていたと思います。

だからこそ、「この時代に警鐘《けいしょう》を鳴らすのだ」という強い使命感と、「仏陀再誕、救世主の降臨というイイシラセを伝えていきたい」という喜びの思いがありました。

そうして伝道が大いなる盛り上がりを見せる中、宗教法人幸福の科学が誕生します。宗教法人認証の連絡は、支部長向けの研修会中に届きました。そして急遽《きゅうきょ》、大川総裁が登壇され、宗教法人設立記念御訓話をなされました。

宗教法人としての幸福の科学が設立されたということはどういうことであるかというと、二千年経っても、幸福の科学という組織はあるということです。過去の世界的な大宗教を見てごらんなさい、二千年で消えないでしょう。（中略）幸福の科学という組織は、本日をもって永遠の灯が灯ったと考えてよいのであります。

1991年3月7日「宗教法人格取得特別御訓話」

幸福の科学が宗教法人として設立されたというのは、歴史的な出来事でした。地球神エル・カンターレの創られた宗教に「永遠の法灯」が灯された瞬間でした。

第4章でも触れましたが、当時も、宗教にはネガティィブなイメージがありました。幸福の科学の会員たちの中にも、宗教団体ではなく、真理の学習団体であることが一種のアイデンティティであるかのように感じている雰囲気が残ってました。

しかし、宗教法人として設立されたことで、幸福の科学は「学習団体」ではなく、本物の「宗教団体」になります。仏弟子たちも、真理の学習者から信仰者へのイノベーションをさらに迫られたわけです。逃げも隠れもせず堂々と「宗教である」「自分は宗教法人幸福の科学の信者である」と言って伝道するようになるきっかけともなりました。

「**一九九〇年の初めに『信仰と伝道』ということを言いはじめて、学習団体から宗教団体へと第一段階の脱皮をしました**」と大川総裁は振り返られています（『信仰と愛』講義』70ページ）。この時期に幸福の科学は、「第一段階の脱皮」をなしたといえます。

エル・カンターレ宣言

宗教法人としてのスタートを切った幸福の科学は、徐々に世間の耳目《じもく》を集めるようになり、勢いある大伝道が始まりました。

「時代はいま、幸福の科学」というキャッチフレーズを用いたCMや飛行船、宣伝カーなど、大々的な宣伝が話題を呼び、幸福の科学が日本中に知れ渡っていきました。

私が1991年4月に出家させていただいたときも、「幸

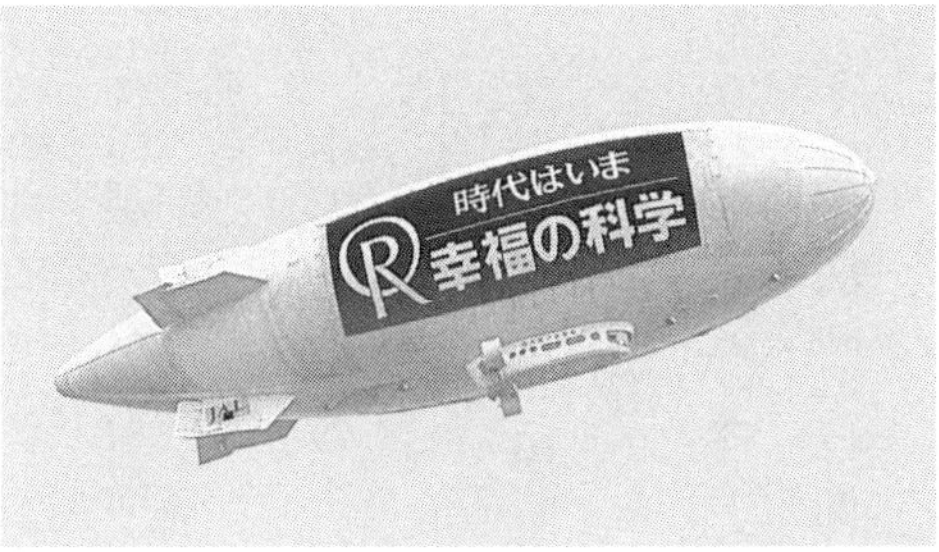

御生誕祭に向けた宣伝のため、飛行船や宣伝カーが用いられた。

第一回御生誕祭。東京ドームに約５万人が集結した。

福の科学に出家する」というと、多くの知り合いが「あの幸福の科学ですか」と驚いていました。

中でも最大のイベントが、１９９１年7月15日に東京ドームで行われた第一回「御生誕祭」です。当時、宗教法人が東京ドームを借りて講演会をすること自体が前代未聞であり、たいへんなインパクトがありました。その御法話「信仰の勝利」で発された宣言こそ、「エル・カンターレ宣言」です。

あなた方は、
肉体に宿りたる大川隆法という名の人間の存在にも、

迷うてはならぬ。
あなた方の前に立ちたるは、
大川隆法であって、
大川隆法ではない。
あなた方の前に立ち、
永遠の真理を語るは、
エル・カンターレである。
われは、この地球の最高の権限を握りたるものである。
われは、この地球の始めより終わりまで
すべての権限を有するものである。
なぜならば、
われは、人間ではなく、法そのものであるからだ。

『理想国家日本の条件』16-17ページ

この宣言はマスコミでも大きくとり上げられ、社会現象を巻き起こしました。しかし、それは、結果として脚光を浴びている人を叩く商業マスコミをも呼び込むことになります。幸福の科学という光が強まる中、魔もまた競い立ってきたのです。

希望の革命

この時期、マスコミによる幸福の科学バッシングが本格的に始まりました。中でも講談社は、その中核となって写真週刊誌「フライデー」などに明らかな捏造《ねつぞう》や誹謗中傷の記事を繰り返し掲載していました。

それまでは、週刊誌に中傷されても泣き寝入りをするしかないというのが常識になっていましたが、幸福の科学のとった対応はそうではありませんでした。「フライデー」廃刊を求めるデモや署名運動、講談社を相手どっての集団訴訟など、「革命が起こったのではないか」と思うほどの戦いを展開したのです。（一連の「フライデー事件」については第7章で詳しく見ていきます。）

この仏法真理を日本に広げんとする、
われらの聖なる運動を妨げるということが、
どれほどの悪であるかに、
あなたがたも気がつくはずだ。
それは救いの機会を奪っていることにほかならない。
多くの人々に、気づきのためのきっかけを与えんとしているのに、
それを阻害するものあらば、
それが悪魔の活動でなくて、いったい何であろうか。

悪魔に対しては、仏は断固として戦うものなのだ。（中略）

マスメディアが宗教たたきをして部数を伸ばせた時代は、もはや終わったのです。宗教の時代が来たときに、その時代の波に逆らいたる者は、滅びに至る旅に出ることになるでしょう。滅びへの波間に漂うことになるでしょう。

宗教の時代が来たのである。
精神の目覚めの時代が来たのである。
黎明《れいめい》の時代が来たのである。
真の信仰というものを中心として、
人々が真実、繁栄する時代が来たのである。

そう、いまあなたがたの前に現れているは、「希望の革命」である。

『ダイナマイト思考』241-252ページ

それまで、他の宗教団体は、マスコミに批判されると、縮こまり、すごすごと引き下がっていました。また、当時の幸福の科学自体にも戦うイメージはなく、〝品の良い、おとなしい団体〟でした。

しかし、この機会に幸福の科学は、「信仰のために戦う団体」へと脱皮していきます。これは、第二段階目の脱皮です。「主を守ることが一番重要であり、その戦いからは決して逃げない」という「真なる信仰者」、「真なる宗教団体」への脱皮であったといえます。

世間では「幸福の科学と講談社の戦い」のようないわれ方もしていますが、実はこの戦いは、単なる一出版社に対する抗議行動ではありませんでした。「信教の自由とは、言論の自由を上回る尊い権利であり、個々人の信仰は、決してマスコミに蹂躙《じゅうりん》されることを許すものではない」ということを世に宣言するものでした。

まさに「希望の革命」であったのです。

私たちの戦いは、「信仰とはすべてをなげうってでも守るべき尊いものなのだ」ということを世の中の人びとに示し、大きな衝撃を与えました。「信仰は尊く、決して侵《おか》してはならないものなのだ」というメッセージが伝わったのではないかと思います。実際に、その後はマスコミによる幸福の科学への激しいバッシングは目に見えて減っていきました。

「アドバンスト宗教（先進宗教）」としての幸福の科学

こうして幸福の科学の登場は、これまで「弱者のものだ」と思われていた宗教が、高度で、素晴らしいものであるという「パラダイム・シフト」を起こしました。

その結果、宗教ブームが起こり、テレビ番組などでも宗教特集が増えていきましたが、反面、これにつられて邪教もまた台頭するようになっていきました。そして、このままいけば再び「宗教は怪《あや》しいものだ」と思われかねない雰囲気も生まれ始めてきました。

幸福の科学は次に、「宗教による宗教改革」「宗教界の浄化」にとりかかります。

第一段階は「宗教の時代をつくる」「宗教ブームをつくる」ということであったわけですが、第二段階として、「宗教の違いを知っていただく」という段階が来たわけです。宗教のブーム、宗教の時代は、もうすでに来ました。次に、宗教の違いをわかっていただくという第二段階に来ているという認識のもとに、この『宗教の挑戦』という本は書かれています。そして、その考え方のもとに、いま全国でベストセラーになっています。そういう流れです。

『「宗教の挑戦」講義』11ページ

こうして1992年10月に『宗教の挑戦』が発刊され、宗教の善悪、正邪の見分け方が説かれました。これはまさしく、「宗教戦国時代」の到来を告げる書であります。

そして、93年の新年祭特別メッセージでは、「アドバンスト宗教」としての理想のあり方が示され、幸福の科学の立ち位置が明示されたのです。

アドバンスト宗教の第一の柱=未来志向型宗教

第一に言っておかねばならないことは、「幸福の科学は未来志向型宗教である」ということであります。

大部分の宗教が、過去に向かっているのに対して、幸福の科学は、明らかに未来に向かっているのであります。過去の伝統ではこうであったとかを論議している宗教がほとんどであるなかにおいて、唯一、幸福の科学を見れば世界が見える、未来がわかる、これが未来志向型宗教の特徴であります。

人類の進むべき道を示す宗教であるのです。また、未来がどうなっていくべきかということを明らかにわからしめる宗教であるのであります。

未来社会をデザインし、クリエイトする。そういう集団こそ、我らが組織であります。

アドバンスト宗教の第二の柱＝世界に絶対的平和を持ち来たらす

二番目に言っておきたいことは、幸福の科学の教えが、私たちの願うとおり、日本全国に、全世界に広がったあかつきには、「絶対的平和」が現われてくると、私は信じているのであります。

世界各地で今日でも戦争は絶えませんし、今後も大きな戦争の危険をはらんでおります。その背景にあるものは、各民族、人種、それぞれの文化的背景を担った人びとが、主として宗教的なる信条を異にすることにより、意見が対立し調和できないということがあると思うのであります。

さすれば、絶対的平和を拓くためには、世界人類共通の価値のバックボーンが必要であります。この使命のためにこそ、幸福の科学は生まれたのでありまず。したがって、幸福の科学のこの教えが、日本に、全世界に広がることによって、最終的なる世界平和が持ち来たらされるのであります。我らが一歩進めば、その一歩分だけ、世界は平和に向かって近づいていると考えなくてはなりません。幸福の科学の価値観のもとに、人類がまとまっていけば、平和な世界が訪れるのでありますす。それこそが我らの理想であります。

アドバンスト宗教の第三の柱＝実在界の価値秩序をこの世に打ち建てる

三番目の柱は、私たちは本来の世界であるところの実在界から来た住人であり、その本来の世界の価値秩序を、価値基準を、この三次元世界に降ろしたい。そして、それに基づいて、人びとが日々、努力し、精進し、修行できる、そういう世界をつくること。すなわち、実在界の価値秩序をこの世に打ち建てて、そして地上天国を創るということであります。

この三つが、「アドバンスト宗教」としての理想の核になる部分であるのではないかと考えます。

「『アドバンスト宗教』を世界に」月刊「幸福の科学」通巻71号：1993年1月号

これは伝統宗教とも、他の新興宗教とも一線を画し、幸福の科学を特徴づける3本の柱でもあります。

三宝帰依《さんぽうきえ》体制

また、この時期に教団の確立と「理想の宗教の原型づくり」に向けて、三宝帰依体制の確立が推し進められました。

三宝帰依とは「仏・法・僧」の三宝に帰依する（身も心も投げ出して尊いものを信奉する）という誓願であり、主エル・カンターレ大川総裁を信奉し、法の力を信じ、僧団（サンガ）の規律を守ることを誓うということです。三宝帰依の精神は以前から説かれてきましたが、実際に三宝帰依制度として整えられたのは1994年のことでした。

さらに、同年春には御法話「方便の時代は終わった」が説かれました。それまで、各自がそれぞれに高級霊を信仰することも見られた緩やかな信仰形態から、主エル・カンターレを中心軸に据《す》えた信仰に統一されていきました。

高級霊が多数いるということは事実ですが、当会はエル・カンターレ系霊団として一本化していきたいと思います。

「あれもいい、これもいい」というようなスタイルの信仰では、これから日本全

体に、そして全世界に伝道していくには無理があります。当会としての純粋性をもって発展を願っていくべき時が来たのです。

『宗教選択の時代』180ページ

また、宗教としての重しをつくるために、大川総裁は仏教路線を敷き、仏陀の本来の教えをまとめていかれました。こうして「**現代的な成功理論**」と「**仏教的な思想**」の大きく二つに要約される幸福の科学の思想（『「幸福の革命」講義』7ページ）が確立されます。

その過程で、幸福の科学の根本経典である『仏説・正心法語』は仏陀意識に統一され、『祈願文①・②』も一部を除きヘルメス意識で統一されました（釈尊、ヘルメス神はともにエル・カンターレの魂の一部）。

霊能信仰を持つ人の中には、こうした流れに反発して退転する人もいましたが、教団全体としては大川総裁とその教えに対する信仰心が確固たるものとして固まっていきました。

ここまでの流れは『「信仰と愛」の論点』で「信仰論の発展段階」として教わっています。

①第一段階――霊知識の普及
②第二段階――多様な支援霊信仰
③第三段階――神信仰
④第四段階――三宝帰依
⑤第五段階――エル・カンターレ信仰

エル・カンターレ信仰の確立に向けて、その後も、教団のイノベーションがくり返され、現在にいたる教団のかたちが確立されていきます。

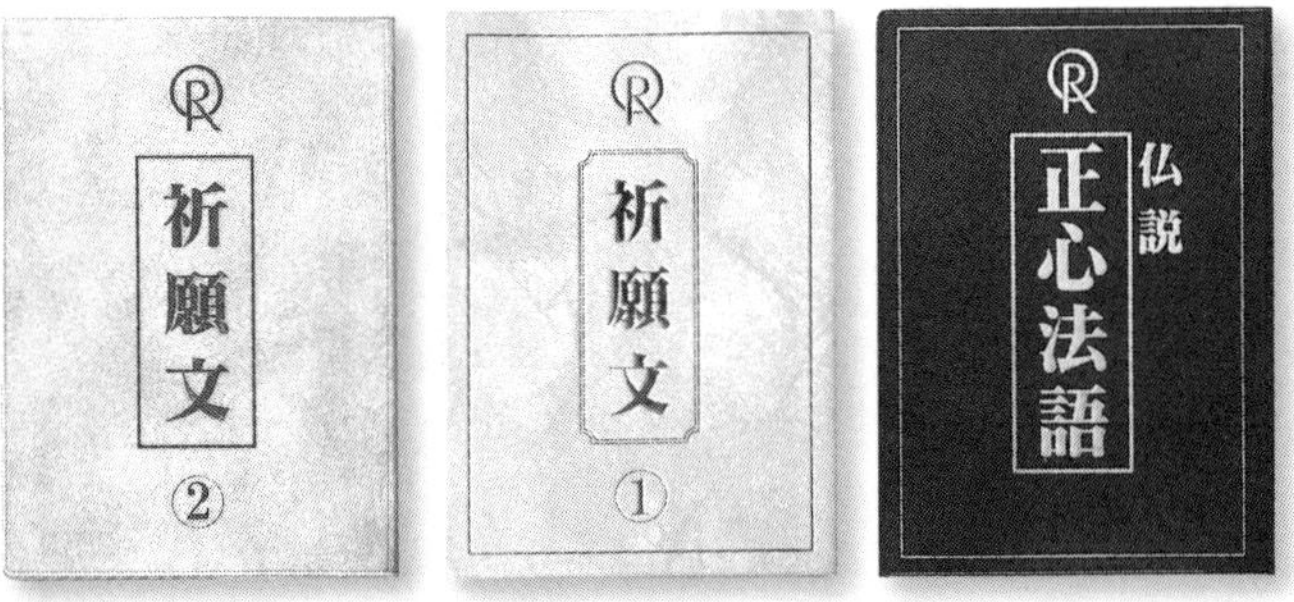

改訂後の『仏説・正心法語』と新しくつくられた『祈願文①』『祈願文②』。

2. ビッグ・バン計画

社会運動の本格化

1994年からは「ビック・バン計画」がスタートします。これは96年までの三カ年で幸福の科学の教えを日本から世界へと弘げようという計画でした。

特に94年から95年にかけてはさまざまな改革運動や社会運動が展開されました。

今、日本は、マスコミに巣くう悪魔、

そして、邪教・創価学会に巣くう最大の悪魔、
この二つの悪魔によって牛耳《ぎゅうじ》られようとしつつある。
断固、仏弟子は勇ましく戦わねばならない。

『永遠の挑戦』78－79ページ

こちらも詳しくは第7章で見ていきますが、「ヘア・ヌード反対運動」による拝金主義マスコミとの戦いや、阪神・淡路大震災直後の大規模な救援活動、オウム教をはじめとした邪教との戦いなどがありました。
また、映画による社会啓蒙をスタートしたのもこの時期です。１９９４年秋に幸福の科学初の映画「ノストラダムス戦慄の啓示」が公開されました。幸福の科学の映画はエンターテインメント性を有しつつ、どれも予言的な内容を含んでいます。翌年1月17日に阪神・淡路大震災が起こると、崩壊した高速道路の端に乗用車が引っかかっているという同映画のワンシーンと全く同じ情景が報道されま

映画「ノストラダムス戦慄の啓示」
（幸福の科学出版、1994年）

した。２００９年以降、顕在化してきた北朝鮮による核ミサイルの危機もこの映画で警告がなされています。

しかし、95年に世間を震撼《しんかん》させたオウム教によるサリン事件の影響は大きく、〝宗教は怖いもの〟という誤解が広まりました。幸福の科学は早くからオウム教の危険性を訴え、事件解決に尽力したにもかかわらず、新興宗教として同じような扱いをされる向きがありました。

3. ニュー・ホープ計画

理想の宗教団体をつくる

オウム教事件を皮切りとした宗教バッシングが強まる中、1996年から「ニュー・ホープ計画」が始まります。「ニュー・ホープ計画」とは「**幸福の科学が、二十一世紀の世界宗教としての確立を目指して最後の準備段階に入る**」というものであり（『繁栄の法』213ページ）、「理想の宗教団体をつくっていくことで、もう一度宗教の素晴らしさを示そう」というものでした。

九七年、ニュー・ホープの最初の年においては、『ヘルメス――愛は風の如く』

という映画が、全国で春先に上映されることになっております。これによって、さらに一層真理の種まきをし、今まで縁のなかった衆生に対して救済の手を差し延べたいと思います。

もう一つは正心館をはじめとする研修所において、さらなる信仰の確立、信仰心を倍増させ、かつ本物の信者を増やしていくこと、これが今後三年間の大きな使命でなくてはなりません。

まだまだ困難は続くでしょう。しかし粘り強くなくてはならないと考えます。真理を体現したる者は強くなくてはなりません。

より中期的、長期的観点から持続的に光を強く強く押し広げていくという戦いが、これからの戦いであります。粘り強さが必要です。忍耐力が必要です。しかも着実に成功を重ねることが必要であります。

「ビッグ・バンからニュー・ホープへ」月刊「幸福の科学」通巻第119号：1997年1月号

「ビッグ・バン計画」はマスコミや邪教と戦っていく方向でしたが、時代の流れの変化も見据え、「ニュー・ホープ計画」では総本山三精舎の建立《こんりゅう》や全国の支部体制の確立など、中期的、長期的視野で理想の教団をつくりつつ、伝道を進めていくという方針に転換されたのです。

精舎・支部精舎の建立

幸福の科学は、こうした「理想の宗教団体づくり」の一環として精舎建立にとりかかります。1996年の総本山・正心館落慶を皮切りに、全国に精舎が建立されていきました（186ページ参照）。

精舎とは何かについて、大川総裁からは次のように説かれています。

幸福の科学の精舎は、幸福の科学の拠って立つところ、砦《とりで》です。ここが、今後、数百年、数千年にわたって、全世界の人々、全人類に光を供給するための砦にならねばなりません。この精舎において、新しい、大いなる光を増やしていっていただきたいのです。

「着実なる前進を」月刊「幸福の科学」通巻203号：2004年1月号

精舎は、原点においては、やはり、仏陀とその弟子たちが、泊まって修行をする場であり、そこで生活をしながら、教学や瞑想をしたり、在家の人たちの悩み相談を受け、それに対して説法をしたりする所だったのです。（中略）

修行部分がきちんとあり、霊的な修行をしてエネルギーをためていればこそ、その力でもって、在家の人たちを教化すること、導いて救うことができるのです。霊的なエネルギーをためず、ただサラリーマン的に、そのような外向けの活動を

しているのであれば、宗教的にはおかしい部分があります。

『本尊と教祖と精舎』61－69ページ

教団の中心である総合本部も、各地の拠点である支部も、当時は貸しビルの中のテナントを借りていました。

しかし、世俗を離れて宗教修行ができる精舎ができたことにより、幸福の科学の信者は精妙な霊的磁場の中、悟りを高めることができるようになったのです。

こうして宗教修行を積んだ者がリーダーとなり、教団のリーダーとなっていくという運営方法へのイノベーションが行われました。この時、総合本部も宇都宮の総本山・正心館に移りました。

これは「理想の宗教」に向けた一つの象徴であり、教団の永続性の確立をめざしたものでもありました。その後、２００２年からは全国に支部精舎が建立され、貸しビルで行っていた宗教行事を自前の宗教施設で行えるようになります。世俗と離れた修行空間である精舎とは別に、それぞれの地域に根差し、地域を照らす「光の灯台」として支部精舎が建立されていったのです。

さらに、信者自宅を中心に拠点や布教所が開設され、現在では布教所だけでも約1万カ所にまで広がっています（2016年7月時点）。

精舎落慶年表

1996年8月4日　「総本山・正心館」落慶
1997年11月2日　「総本山・未来館」落慶
1998年7月18日　「総本山・日光精舎」落慶
1998年12月20日　「琵琶湖正心館」落慶
1999年7月20日　「湯布院正心館」落慶
2000年7月7日　「聖地・四国正心館」落慶
2001年12月8日　「東京正心館」落慶
2002年4月17日　「中部正心館」落慶
2002年8月27日　「箱根精舎」落慶
2003年4月17日　「東北・田沢湖正心館」落慶
2003年5月5日　「名古屋記念館」落慶
2003年8月7日　「北海道正心館」落慶
2004年4月17日　「中国正心館」落慶
2004年5月30日　「総本山・那須精舎」落慶

総本山・正心館

東京正心館

総本山・未来館

2004年9月7日　「北陸正心館」落慶
2005年4月17日　「沖縄正心館」落慶
2005年7月27日　「千葉正心館」落慶
2006年11月1日　「新宿精舎」落慶
2006年12月17日　「ハワイ精舎」落慶
2007年12月23日　「大阪正心館」落慶
2008年1月1日　「新潟正心館」落慶
2009年3月23日　「秋田信仰館」落慶
2010年5月16日　「ブラジル正心館」落慶
2010年11月7日　「ヤング・ブッダ渋谷精舎」落慶
2010年11月23日　「アジア国際精舎　福岡正心館」落慶
2011年12月11日　「オーストラリア正心館」落慶
2012年4月29日　「横浜正心館」落慶
2012年5月13日　「ユートピア活動推進館」落慶
2012年7月15日　「仙台正心館」落慶
2016年6月12日　「名古屋正心館」落慶

ハワイ精舎

大阪正心館

名古屋正心館

映画に込められた主の願い

第2節で映画「ノストラダムス戦慄の啓示」を紹介しましたが、その後も1997年に初のアニメ映画「ヘルメス——愛は風の如く」を公開し、「太陽の法」「黄金の法」「永遠の法」と作品を重ねていきました。

こうした映画を製作する意義について大川総裁は次のように述べられています。

映画なら、活字が苦手な人でも理解す

映画「黄金の法」（2003年）

映画「太陽の法」（2000年）

映画「ヘルメス——愛は風の如く」（1997年）

ることができるでしょう。本を読む人の十倍ぐらいの人が観ることができるでしょう。そういうことで、映画も製作しています。

『勇気への挑戦』50-51ページ

映画「永遠の法」（2006年）

いずれも幸福の科学出版

最近は活字を読む層も年々減っており、特に若者の活字離れがいわれています。しかし、普段活字を読まない人でも映画なら観てくれることが多くあります。また、日本のアニメは海外の関心も高く、海外での集客力、伝道力もあります。そういう意味で映画は、老若男女《ろうにゃくなんにょ》問わず救済していきたいという主の御慈悲そのものです。

2016年にはHSUに未来創造学部も開設されましたので、今後、よりエンターテインメント性と奥深い仏法真理を融合した大衆伝道のツールとなるような映画がつくられていくことと思います。

救世運動の多角化

また、救世運動もさまざまなかたちで本格化していきました。

視聴覚障害者とボランティアによる真理の学習・伝道活動を行う「ヘレンの会」は最も早く、1990年代から活動しています。2003年には生涯現役のシニアプランを設計する「シニアプラン21」が、2006年には幸福な結婚をお手伝いする「幸福結婚相談所」や不登校児支援スクール「ネバー・マインド」が開設されました。ほかにもNPO「いじめから子供を守ろう!ネットワーク」への支援や「自殺者を減らそうキャンペーン」など、具体的に苦しんでいる人びとを救済していく活動が推し進められていきました。

さらに2006年には、那須精舎の境内《けいだい》に幸福の科学初の霊園「来世幸福園」が開園します。開園にあわせ、全国の支部でも葬儀が行えるようになりました。インドで仏教が滅びた理由の一つに「**冠婚葬祭《かんこんそうさい》に密着した生活密着型の宗教になりえていなかった**」ことが挙げられているように（『悟りの挑戦（下巻）』171ページ）、葬儀なども含め、生活に密着したかたちでの活動がスタートしたのです。

本章で見てきた1991年から2006年というのは、幸福の科学が一つの成熟期に入ると同時に、幸福の科学が社会に根づきつつ、社会啓蒙を通じた救世運動が一層進んでいった時代であったと思います。

TRY!

歴史を知る

出身地域の精舎や支部・支部精舎がいつ建立されたか、また、その建立に向けて信者の方がたが、いかなる努力を積み重ねて来たか、両親、もしくは地域の信者の方にヒアリングしてみよう。

【主要参考文献〈大川隆法総裁著作〉】
『フランクリー・スピーキング』以下、幸福の科学出版
『理想国家日本の条件』
『ダイナマイト思考』
『宗教選択の時代』

『永遠の挑戦』
『繁栄の法』
『悟りの挑戦（下巻）』
『宗教の挑戦』
月刊「幸福の科学」通巻第46号：１９９１年1月号、以下、幸福の科学
『携帯版 無我なる愛』
『「宗教の挑戦」講義』
『「信仰と愛」講義』
「『アドバンスト宗教』を世界に」月刊「幸福の科学」通巻第71号：１９９３年1月号
『「幸福の革命」講義』
『「信仰と愛」の論点』
「ビッグ・バンからニュー・ホープへ」月刊「幸福の科学」通巻第１１９号：１９９７年1月号
「着実なる前進を」月刊「幸福の科学」通巻第２０３号：２００４年1月号
『本尊と教祖と精舎』
『勇気への挑戦』

【その他参考文献】

『幸福の科学3周年記念誌』以下、幸福の科学

『幸福の科学創立七周年記念誌』

『幸福の科学立宗10周年記念誌』

第6章

救世の歴史③

三大革命成就へ向けて
本格始動（2007年～）

HAPPY SCIENCE

1．「救世主としての仕事」のスタート

第5章では、幸福の科学が成長して、大教団としてのかたちをつくっていった時代を振り返りました。本章では2007年から2016年までを概観していきます。「霊性革命」「政治革命」「教育革命」の三大革命がそれぞれ本格的にスタートした重要な時期でもあります。

第二段階の使命

1996年以降の十年間に支部や精舎が次々と建立《こんりゅう》され、教団としての基本的

なかたちができてきました。この時期の大川総裁は「内部固め」をしつつ法を説かれる、いわば仏陀的側面の強い時期だったといえます。


私は、仏陀として悟りを開き、その悟りの内容を書籍等にも著《あらわ》したので、「仏陀再誕」という、私の第一段階の使命は、すでに終わっています。

しかし、「これで充分」というわけではありません。

いま、私は、第二段階の「救世主としての仕事」を成し遂げたいと思っています。

それは、「救世主として、この世の人たちを救っていく」という仕事です。

この仕事には限りがありません。たとえて言えば、ガンジス河の砂の数を数えるようなものですが、それでも人々を救いつづけなければなりません。


『君よ、涙の谷を渡れ。』221-222ページ

こうして、2007年から、第二段階の「救世主としての仕事」を本格的にス

タートされたのです。

支部精舎御巡錫《じゅんしゃく》

大川総裁の説法スタイルもそれ以前の十年間と大きく変化しました。2007年6月26日の広島支部精舎での御法話「明るく生きよう」から、支部精舎巡錫《じゅんしゃく》が始まります。

五月に地方の精舎と支部を視察した際、「信者のみなさんが、直接、私の話を聴きたがっている」ということを、はっきりと感じたので、「もう一度、信者の前に出て、直接、法話をするスタイルに戻そう」と決意したのです。

これは、『復活の法』のなさしめるところなのかもしれませんが、二〇〇七年の後半から、私自身も、「人生の復活」「伝道の復活」「法輪輾転《てんでん》の復活」というスタイルをとるようになりました。

これまでは、「理事長以下、支部長までのピラミッドをつくり、組織として伝道していく」というかたちを十年ほど試みてきましたが、「ある程度、組織も固まり、建物もほぼ建ちつつある」ということも考慮し、「もう一度、信者に、直接、訴えかける必要がある」と、私自身は感じています。

『君よ、涙の谷を渡れ。』151−152ページ

1996年以降、大講演会はあまり行われず、おもに、収録された御法話を支部に配信するスタイルでした。しかし、大川総裁は、「主の教えを直接聴きたい」という信者の思いに応え、「法輪輾転の復活」をされたのです。

2008年には62回、2009年には157回、2010年には217回の説

法をされています。日本全国を回られ、海外にも巡錫されました。

「毎週のように全国各地の支部で説法をしていますが、『いつ死んでも悔いはない』というつもりでやっています」（『朝の来ない夜はない』２０４ページ）と述べられている通り、その御姿はまさに不惜身命《ふしゃくしんみょう》でした。のちに２００７年当時のことを、**「私は、もう特攻隊のような気持ちでした」**（『転法輪蘭との「熱烈伝道法談」』30ページ）と振り返られています。「伝道というのは命がけでなしていくものなのだ」ということを私たち信者に教えてくださり、大川総裁ご自身が「不惜身命」の姿勢を率先垂範《そっせんすいはん》で示されることで、全国各地に大伝道のうねりを起こしていかれたのです。

大きな会場を借りて大講演会を開けば1回で万単位の人が参加できますが、全国の支部精舎の場合、会場に入れるのはせいぜい１００名か２００名程度です。わざわざ遠くまで足を運び、この人数に対して説法するのは、一見、非効率的なことです。

しかし、これについて大川総裁は次のように述べられています。

直接、私の教えを聴いた人は、ある意味で直弟子であるというような気持ちを持ってもかまわないわけで、そういう人をつくらなければ、本当の意味での伝道の本格化は起きないということですね。

「本で読みました」というだけで、熱心な伝道者にはそう簡単になってくれるものではありません。「やはり一度はお会いしたい」というのは、真理を求める者なら当然のことだと思います。

そういう意味で、数多くの伝道者をつくるために、今、私は「巡錫」といって、いろいろな所を回っています。必ずや、直接お会いしたみなさまがたが、新しい人類の教師の一員として人々を導いてくださると信じています。

だから経営学的には効率の悪いことを、あえて、今やっております。それはみなさまがた自身に光り輝く存在になってほしいから、自ら、火を点ずる人間になってほしいから回っているわけなのです。

2008年11月30日法話「一日一生で生きよ」

「愛は効率ではない」(『信仰と愛』49ページ)という教えもある通り、大川総裁はその身を削って、熱心な信者を育てようとされたのです。その御姿に、私たち信者も、伝道の情熱が奮い立ちました。

海外巡錫のスタート

大川総裁の不惜身命の巡錫は日本にとどまることなく、全世界へと展開されました。

海外初転法輪となるハワイ支部での法話「Be Positive」。

第一回目の海外巡錫は、2007年11月18日のハワイ支部での法話「Be Positive」でした。同法話で大川総裁は、「エル・カンターレとはイエスが『わが父』と呼んだ存在である」ということを明言されます。全世界に向けて「エル・カンターレ宣言」がなされた記念すべき瞬間でもありました。その後、フィリピン、インド、ネパール、台湾、ブラジル、イギリスと海外巡錫を重ねられます。2012年6月23日にはアフリカ・ウガンダで法話「The Light of New Hope」をもって、五大陸巡錫を果たされ、14カ国24回の海外説法が行われています（2016年7月時点）。

その間、海外の信者数は10倍近くまで増えていきました。これは主エル・カンターレの教えが全世界に通じる普遍性を持っていることの証明でもあります。

私としては、この日本で、日本人を相手に説いた教えが、現地の言葉に翻訳されてはいますが、南米やインド、アフリカ、あるいはアメリカやオーストラリアなどでも通用していくところを見て、とてもうれしく思っています。

その事実は、「教えの中心的な考え方が、世界共通に、人々を救える内容を持っている。そういう普遍性がある」ということを実証していると思うのです。しかも、日本よりも伝道が容易に進む所があるのを見ると、「宗教心のあるような所においては、より一層、人々に吸収されやすい教えなのだ」と感じています。

『「エル・カンターレへの祈り」講義』59-60ページ

大川総裁の法話は個人だけでなく、その国の政治にも影響を与えてきました。

たとえば、２００９年３月29日にオーストラリア・シドニーで「You Can Be the Parson You Want to Become.」を説かれると、その後、オーストラリア政府は急速に政策を変え、中国と距離をとりはじめました。また、２０１１年５月に香港で法話「The Fact and The Truth」で「中国の香港化」を示唆されると、若者を中心に「香港の中国化」に対抗する動きが大きくなり、２０１４年には「雨傘革命」（民主化要求運動）

①シドニーでの講演会。スタンディング・オベーションで迎えられた。
②ウガンダでの講演会。アフリカ各地から聴衆が駆けつけた。
③香港での講演会。英語説法が中国語に同時通訳されていた。

海外御巡錫《じゅんしゃく》一覧

〈2007年〉アメリカ

11月18日　ハワイ支部　「Be Positive」

〈2008年〉アメリカ、韓国、イギリス、台湾

3月21日　サンフランシスコ支部精舎　「On Happiness」
3月23日　ロサンゼルス支部精舎　「Happy Attitude」
6月15日　ソウル支部精舎「信じ合う心」
7月27日　ロンドン支部精舎「What is Real Life?」
9月28日　ニューヨーク支部精舎「The Way to Success」
11月9日　台北支部精舎　「仏国土ユートピアの実現」

〈2009年〉オーストラリア

3月29日　インターコンチネンタルホテル（シドニー）「You Can Be the Person You Want to Become.」

〈2010年〉ブラジル

11月7日　ブラジル正心館　「神秘の力について」

11月9日　ソロカバ支部　「常勝思考の力」
11月10日　ジュンジャイ支部精舎　「幸福への道」
11月12日　ブラジル正心館　「真実への目覚め」
11月14日　クレジカードホール　「愛と天使の働き」

〈2011年〉インド、ネパール、フィリピン、香港、シンガポール、マレーシア、スリランカ

2月27日　インターコンチネンタル・エロス（インド）「Faith and Love」
3月2日　インターコンチネンタル・ザ・ラリット（インド）「How to Succeed in Life」
3月4日　ホテル「ヤック&イエティ」（ネパール）「Life and Death」
3月6日　カラチャクラ広場（インド）「The Real Buddha and New Hope」
5月21日　イナレスセンター（フィリピン）「Love and Spiritual Power」
5月22日　九龍湾国際展貿センター（香港）「The Fact and The Truth」
9月15日　オーチャードホテル（シンガポール）「Happiness and Prosperity」
9月18日　クアラルンプール・コンベンションセンター（マレーシア）「The Age of Mercy」
11月6日　ウォーターズエッジ（スリランカ）「The Power of New Enlightenment」

〈2012年〉ウガンダ、オーストラリア

6月23日　マンデラ・ナショナル・スタジアム（ウガンダ）「The Light of New Hope」
10月14日　シドニー・コンベンションセンター（オーストラリア）「Aspirations for the Future World」

が起きています。

2．信仰による奇跡

エル・カンターレ信仰の確立

第5章でエル・カンターレを中核とした信仰に統一されていったことを見ましたが、この時期にはもう一段、純粋な「地球神エル・カンターレ」への信仰が確立していきます。

救世主としてのご活躍とともに、大川総裁は、「純粋な信仰」や「君よ、涙の谷を渡れ。」をはじめ、エル・カンターレ信仰の確立に向けた、信仰の根幹に関わる御法話をくり返し説かれました。

当会は、「エル・カンターレ」というものを信仰の中心、中核に置き、そのなかで、「釈尊、ヘルメス、オフェアリス、リエント・アール・クラウド、トス、ラ・ムーという、魂の兄弟がいる」という説明をしています。

しかし、「これでは、まだ、信仰として、きちんと固まり切らない部分が残っているのではないか」と感じています。大きな数から絞ってはいますが、まだ、もうひとつ絞り切れていないところがあります。

そのため、「信仰を立てるに当たっては、やはり、もう一段の絞り込み、考え方のまとまりが要るのではないか」と感じる時期に至ったように思います。それが、最近の当会における、一宗教としての枠を超えた大きな動きの延長上に見えるものであるように考えられます。（中略）

「再誕の仏陀」という言い方をすると分かりやすいので、方便的には、そういう言い方もしてはいますが、実は、「そろそろ、もう一段、踏み込まなければいけない時期に来ているのではないか」と思うのです。（中略）

はっきり述べると、エル・カンターレ信仰は、別な言葉で言えば、「地球神の存在を認める」という信仰です。

『エル・カンターレ信仰とは何か』13－16ページ

また、『救世の法』の「あとがき」では、「私は『国師』でもあり、『世界教師』（ワールド・ティーチャー）でもある」とも述べられています。大川総裁が全世界を指導し、救済する御存在であることを国内外に明確に示されたのです。

『エル・カンターレへの祈り』

2010年には、経文「エル・カンターレへの祈り」「伝道参加のための祈り」「植福功徳経」が所収された経典『エル・カンターレへの祈り』が三帰誓願者限定で下賜《かし》されました。純粋な信仰心を高め、より「**世の人々を救っていく主体になりたい**」という心境を高める経文です（『「エル・カンターレへの祈り」講義』13ページ）。

奇跡の続出

大川総裁が全国を巡錫される中で、信者のエル・カンターレ信仰が確立していくとともに、病気が治るなどの「信仰による奇跡」が続出します。

この世で起きてはならない結果が起きることを、「奇跡」と呼んでいます。その奇跡を引き起こす原因は、ただ一点に要約することができます。それが「信仰」です。（中略）

なぜ、そういうことが起きるかというと、結局、幸福の科学の教えの根底には、「この世に生きている人々を一人でも多く幸福にしたい。数多くの人たちを助けたい。救いたい」という思いがあるからです。この気持ちが奇跡を呼んでいるのです。

『真実への目覚め』21－25ページ

それまでにも、信仰による奇跡は起きてはいましたが、報告数はあまり多くありませんでした。しかし、巡錫を中心とする救世主としてのご活躍に軌《き》を一《いつ》にして、数多くの奇跡が起こるようになりました。

全国の支部や精舎で開催されている「病気平癒祈願」や「ガン細胞消滅祈願」

などの祈願を受けたり、大川総裁の御法話を聴いたりして病気が治ったというのはもちろんのこと、講演会のチラシを受け取ったり、支部巡錫で大川総裁が横を通り過ぎただけで病気が治ったということも報告されています。

ほかにも、幸福の科学の研修や祈願を受ける中でやるべきことが定まり、数カ月で収入が十倍になったといった事例や、家庭内の暴力や子供の引きこもり、いじめ問題が解決したという事例も数多く報告されています。2011年の東日本大震災のような大災害においても、支部や精舎のある地域を津波が避けたとか、会員の家や布教誌を配っていた地域が奇跡的に被害を免《まぬが》れたといった報告が相次ぎました。

個人が法を学び、悟りを高めることで救済していくスタイルから、もう一歩踏み込んで、「信仰による救済」という大きなうねりが起こってきたのです。これはエル・カンターレ信仰の高まりと軌を一にしています。

3．三大革命のスタート

霊性革命の本格化

２００９年12月15日には「『松下幸之助の霊言』（第一部）」が公開で収録され、全国の支部で映像とともに公開されました。また、書籍としても発刊されます。これが「公開霊言」です。その後、さまざまな霊人が大川総裁の下に降臨され、現在までに６００回以上収録されています（２０１６年７月時点）。

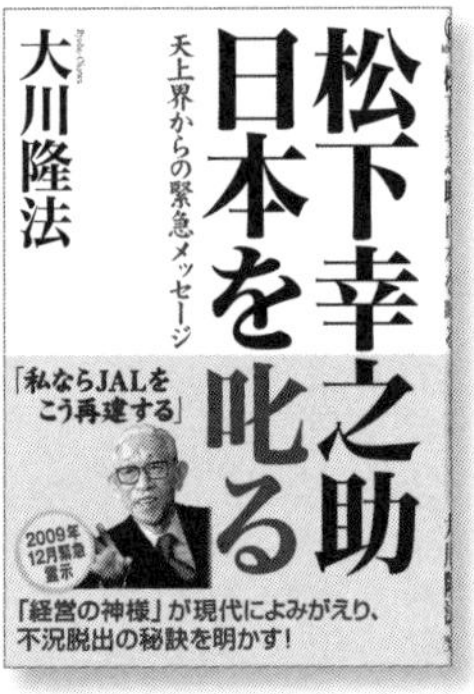

『松下幸之助日本を叱る』
（幸福の科学出版、2010 年）

最近では、また霊言集もずいぶん出ています。「今年は百人を超える霊人が出てきている」とのことでもあるので、「単に昔返りをしたのか」という見方もあろうかと思いますが、そうではありません。（中略）

私は過去にも霊言集を出していたのですが、新しい霊言集を発刊しなくなってから時間がたち、今の若い人たちのなかには、霊言現象を知らない人や、当会が霊言集を出していたことを知らない人も増えてきました。

また、世の中には、「霊的存在や霊界について教えてほしい」というニーズ自体は、やはり、いつの時代にもあり続けると感じています。

そこで、新しい信者層を惹きつけつつ、彼らが霊界に関心を持ち、自分自身の心を探究していくためにも、今、再び霊言集を出しているのです。

『エル・カンターレ信仰とは何か』11－12ページ

三大革命の詳細は続巻で見ていきますが、本来、宗教的な秘儀、奥義である霊言を公開されているのは霊的世界の存在を証明し、数多くの人びとに真理に出会うきっかけをつくるためです。公開霊言はまさしく「霊性革命」の始まりでした。

教育革命の始動

教育革命についても簡単に流れを概観したいと思います。

幸福の科学は2007年以前においても、宗教的バックボーンを持つ教育の実現に向けてとり組んでいました。

たとえば、幸福の科学は、1996年頃から「ザ・リバティ」などで当時、本格化しつつあったゆとり教育に警鐘《けいしょう》を鳴らしています。また、次世代を担う子どもたちを育てるための環境づくりとして2002年に「仏法真理塾サクセスNo.1」を開設し、その後も未就学児向けの「エンゼルプラン・V」や不登校児童のための「ネバー・マインド」など、次々と教育事業を展開してきました。

日本の教育現場では、いじめの陰湿化や学校ぐるみの隠蔽《いんぺい》が社会的にも大きな問題となっています。大川総裁は2006年12月の法話「学校教育と悪魔の自由について」や2007年2月の法話「魂の教育について」（いずれも『生命の法』所収）、月刊「ザ・リバティ」誌上でいじめ問題などへの提言を行われました。

今、私は、教育を再生するために、いじめ問題等についても、いろいろな運動を展開していますが、そう簡単にいじめがなくならないのは、やはり、もともと、教育にバックボーンの部分がないからです。

価値判断をする際に、「何に照らして判断したらよいか」という基準を、校長先生をはじめ、教員たちが持っていないのです。何に照らして、「これはよい。これは悪い」と判断したらよいのか、その基準になるものがないため、現在、いわゆる道徳やしつけに当たるものを教えることが、基本的にほとんどできずにいるのです。(中略)

したがって、思い切って教育改革していくためには、やはり、学校教育のなかに、「宗教的バックボーン」というものをしっかり入れる必要があります。人間の世界を超えた「偉大なるもの」を認めないと、人間は、謙虚に努力することができないものなのです。ですから、これを教える必要があります。

『教育の法』43－44ページ

しかし、「現にあるものを変えることも大事だが、やはり、『学校は、どのようにあるべきか』という理想を提示することも大事である」(『教育の法』223ページ)と考えられた大川総裁は、2007年2月の法話「幸福の科学学園構想」にて、幸福の科学学園と幸福の科学大学の構想を示されます。

2010年には那須精舎境内地《けいだいち》に幸福の科学学園那須本校が、2013年には滋賀県琵琶湖畔《びわこはん》に幸福の科学学園関西校が中高一貫校として開校しました。

さらに幸福の科学大学の設立運動も進んでいました。しかし、文部科学省は「霊言」を理由に不認可とします。これは明らかに「学問の自由」や「信教の自由」を侵害する不当な判断でありました。それに対して幸福の科学は、2015年4月、日本発の本格私学である「ハッピー・サイエンス・ユニバーシティ」を開学し、信仰に基づく理想の教育を示すことで、教育革命を推し進めているのです。

幸福の科学学園やHSUの卒業生たちが全国・全世界で活躍していくこと自体が、日本の唯物論的教育に対する大きな変革の転機となっていくでしょう。

政治革命のスタート

2009年は政治的に大きく揺れ動いた年でした。戦後長らく与党を維持していた自民党に限界が見えはじめ、北朝鮮がミサイルを発射しても政府の発表やマスコミの報道では「飛翔体」と呼称される弱腰の姿勢が見られ、国防の危機が顕在化しつつありました。

大川総裁は、この惨状に「国難迫れり」と警鐘を鳴らされ、4月末には御法話「幸福実現党宣言」を説かれ、5月に幸福実現党を立党されます。「政治革命」の始まりです。

「国難迫れり」「国難来たれり」と感じているのです。今、立ち上がらないと、手遅れになる可能性があります。この国は、とても危ないのです。（中略）

私は、この世の中を救うために生まれた人間なのですから、しかたがありません。「この世の中を救う」ということにおいて、宗教も政治もないのです。

『大川隆法政治講演集２００９ 第５巻 批判に屈しない心』86-89ページ

そして、２００９年８月に行われた衆院選ではほぼ全選挙区に公認候補者を立てました。大川総裁はおよそ二日に１回のペースで法話を説かれ、全国各地で講演会も行われました。さらには街宣に出て獅子吼《ししく》されました。まさに鬼気迫る勢いで、国難を訴えられたのです。

２０１０年４月には「未来の日本を背負う、政界・財界で活躍するエリート養成のための社会人教育機関」であるＨＳ政経塾が開塾します。

また、民主党（現、民進党）政権下で国防の危機がより一層深刻化していく中、２本の近未来予言映画が公開されます。２０１２年６月に映画「ファイナル・ジャッジメント」が、同年10月には映画「神秘の法」が公開されます。いずれも日本が植民地化される未来が描かれ、危機を啓蒙する役割を果たしました。この映画「神秘の法」は、ヒューストン国際映画祭でスペシャル・ジュリー・アワードを受賞しました。

私たちは、二〇一二年には、実写映画の「ファイナル・ジャッジメント」と、アニメ映画の「神秘の法」（製作総指揮・大川隆法）の二発を〝撃ち込み〟ました。実写とアニメでは見る人の層が違うかもしれませんが、それぞれ、多くの人たちに何らかの意識改革を促すことになり、その結果、世の中のいろいろな論調が変わってくるだろうと思います。

『未来の法』174-175ページ

映画「神秘の法」

映画「ファイナル・ジャッジメント」

いずれも幸福の科学出版、2012年

その後、国民の間でも国防に対する危機意識が強まり、保守回帰運動が起こります。２０１２年12月には自民党政権が復活し、安全保障関連法案の成立などにつながっていきましたが、その淵源《えんげん》は、幸福実現党の立党にあったのです。

幸福実現党は地道に活動を続け、２０１５年の統一地方選では地方議員が次々と誕生していきます。過疎化や財政危機などに悩む地方の政治に「繁栄の風」を流し込み、発展させていくという改革は既にスタートしているのです。

まだまだめざすところには遠くおよんでいませんが、大川総裁は一歩も引かれることなく粘り強く「政治革命」を指導してくださっています。私たちも主を信じ、「霊性革命」「政治革命」「教育革命」の成就に向けて歩んでいかなければなりません。

TRY!

三大革命の意義を考える

大川総裁は、なぜ「霊性革命」「政治革命」「教育革命」の三大革命を通じた、本格的救世運動を展開されているのか。大川総裁の数々の御法話や幸福の科学の救世の歴史を通じて深く考察してみよう。

【主要参考文献〈大川隆法総裁著作〉】
『朝の来ない夜はない』以下、幸福の科学出版
『信仰と愛』
『救世の法』
『真実への目覚め』

『生命の法』
『教育の法』
『未来の法』
『幸福実現党宣言』
『君よ、涙の谷を渡れ。』以下、幸福の科学
『転法輪蘭との「熱烈伝道法談」』
『「エル・カンターレへの祈り」講義』
『エル・カンターレ信仰とは何か』
『大川隆法政治講演集２００９　第５巻　批判に屈しない心』幸福実現党

第7章
社会変革運動の歴史

1. 社会変革運動の目的

価値観の変革を起こす

宗教にとって最大の公益活動は魂を救済していくことですが、その中には「貧《ひん》・病《びょう》・争《そう》」などの具体的な苦しみをなくすことも含まれます。それが社会変革活動です。社会変革活動の目的は、幸福の科学の教えを啓蒙することにより、政治や経済、教育などの各分野において価値観の革命を起こすことです。さまざまな分野にはびこる唯物論を払拭し、信仰の柱を樹立し、変革していくことです。

そのためには、各人が教えを学び、悟りの幸福を味わったら、学んだことを実践に移し、社会にユートピア革命を起こすことが大切です。

悟りの幸福とは何でしょうか。それは、「自分自身を知りえた」という幸福であり、「自分自身を知りえた、その視点でもって、世界を解明しえた」という幸福でもあります。そして、生かされていることが分かり、その魂の喜びは行動へと転化していきます。すなわち、世の中を変えていきたくなるのです。（中略）

執着を断ち、「奪う愛」ではなく「与える愛」を実践してこそ、私的幸福は達成されます。そして、与える愛は、公的幸福へと、そのまま向かっていくものなのです。

結局、「私的幸福と公的幸福とは、別のものではなく連続するものであり、私的幸福は公的幸福への発展の途上にあるものである」ということが、「私的幸福から公的幸福へ」というスローガンの意味なのです。

『感化力』132-133ページ

世界には苦しんでいる人びとがまだまだたくさんおり、仏は、それを一人残らず救いたいと願われているわけです。そうしたすべての人びとの幸福を実現していこうというのが、幸福の科学の社会変革の目標です。

2．悪徳マスコミ、邪教との戦い

1991年に起こった講談社フライデー事件

第5章でも少し触れましたが、1991年には「講談社フライデー事件」がありました。

約5万人の信者が集う東京ドームの御生誕祭において大川総裁が「エル・カンターレ宣言」をした前後から、マスコミは一斉に幸福の科学バッシングをはじめます。特に講談社は、写真週刊誌「フライデー」や「週刊現代」に幸福の科学や大川総裁ご自身を中傷する根も葉もない偽造《ぎぞう》記事を多数掲載しました。記事の訂正と謝罪の要求を申し入れても、「謝罪も訂正もしない」とし、平然としていました。「現代の悪魔は活字を通じて入ってくる」とシュタイナーは言っていますが、まさに悪魔が、光が広がることを嫌がり、悪徳商業マスコミを使って信仰心を踏みにじった唯物論的な暴挙でありました。

教祖であり、本尊である主エル・カンターレを傷つけることは、信仰者として断じて許せないことです。幸福の科学の信者は断固たる抗議を決意し、デモ行進や署名活動、「精神的公害訴訟」（集団訴訟）を展開しました。「信仰は人間にとって一番大切なもので、侵《おか》してはならない。宗教を大切にする時代がきたのだ」という新しい価値観をこの世に樹立しようとしたのです。これを「希望の革命」といいます。

もし、人々の心が邪悪なるもので染まり、言論機関も、金もうけや自分たちの権力の増大のためだけに活動したならば、そのようなものからは民主主義は生まれないのです。「民主主義は一人ひとりの良心から生まれてくるものである」ということを知らなくてはなりません。（中略）

そう、いまあなたがたの前に現れているは、「希望の革命」である。

人類の希望のための精神革命が起きているのである。

この事実を知るがよい。

小さな小さな問題が起きているのではない。

その根は深く、その根は大きく、

その根は、仏そのものの意志とかかわっている。

この日本という国を、

信仰に根差し、精神の価値を認め、
人々が理想というものを心底語れるような国にするために、
そうした時代にするために、
私たちは起ち上がっているのである。

希望の革命、ここに始まれり――。

『ダイナマイト思考』250-253ページ

宗教に限らず、当時は、マスコミの捏造記事によって傷つけられても、何を言い返すこともできず、裁判を起こして勝ったとしても多少の慰謝料と小さな謝罪記事が掲載される程度なので、被害者の多くは泣き寝入りをするしかありませんでした。

「第四権力」ともいわれ、だれもが正面から戦いを挑むなど思いもしない一部マスコミの利益を中心とした〝バアル信仰〟に対して、幸福の科学だけは決然と対抗し、厳しい鉄槌《てっつい》を加えたのです。そして、「フライデー」に対する訴えは1998年に勝訴、「週刊現代」に対する訴えは2001年に最高裁で勝訴が確定し、その正しさは司法によっても裏づけられています。

この戦いの過程を通じて、私たち信者も、「間違っているものは間違っている」「正しいものは正しい」と言い切る自信と勇気を身につけたのです。

「言論の自由」と「信教の自由」

立宗五年目にして、宗教法人格を取得した一年目の一九九一年に、景山民夫さんが講談社フライデー事件抗議デモの先頭に立って、新宗教をバカにする風潮や唯物論に完全に洗脳されたこの世の常識との闘いの火蓋《ひぶた》が切って落とされた。これが「幸福の科学」が社会啓蒙運動を開始した草分けにあたるかもしれない。そして現在の政治運動にまで続いているかもしれない。

当時は「話題の直木賞作家が新宗教に身を投じた衝撃」と、宗教側の「この世的地位や名誉、収入や職業は一切、信仰の前には関係なし」とする立場が激しく戦った。長女が生まれた年に始まったこの戦いは約十年続いて、統一協会事件、オウム真理教事件、法の華三法行事件などを乗り越えて、幸福の科学が数百の精舎を建て、海外二百数十カ所に支部等を開き、学校法人を持ち、政党活動を開始するにまで到った。

『小説家・景山民夫が見たアナザーワールド』まえがき

講談社との戦いで先陣を切ったのは、「講談社フライデー全国被害者の会」会長の景山民夫さんと、副会長の小川知子さんでした。

1991年９月８日に東京で行われた「フライデー」に抗議するデモ。

景山民夫さんは直木賞作家・放送作家として名声を博していましたし、小川知子さんは歌手・女優として絶大な人気を誇っていました。既にこれだけの社会的地位を得た人が〝新興宗教〟のために立ち上がり、「信仰は何よりも大事なものである」と行動をもって示したのです。世間への衝撃は大きいものでした。

まるで〝ヒステリー〟のように扱う心ない報道をされることもありましたが、同時に「信仰とは、他人が簡単に侵してはならない領域なのだ」という認識も生まれてきました。

これは単に一出版社、一週刊誌との戦いではなく、「言論の自由」と「信教の自由」の戦いでした。

日本では、「無神論者や唯物論者が言論の自由を堂々と主張し、宗教者のほうは、言われるままに、ただ耐えている」という状況がよく起きています。

それに対して、この章（編著者注：『理想国家日本の条件』第5章）では、「トマス・モアの『ユートピア』では、無神論者や唯物論者は公的な言論の自由を持っていない」という事実を指摘した上で、「あなたがたが考えている言論の自由は間違っていませんか」と述べています。（中略）

「言論の自由は絶対であり、信教の自由を批判する言論も許される。それは当然ではないか」と言う人もいますが、言論の自由は、そもそも、信教の自由から出ているのです。

信教の自由が保障されていなかった中世では、火あぶりや魔女狩りなどによって、多くの人の生命や財産が奪われました。信仰の違いの部分は憎しみがいちばん集まりやすいので、信仰の違う人をすぐに処刑したりするのですが、それでは基本的人権を侵害することになります。

人々の生命と、人間として幸福になる権利を保障するためには、どうしても信教の自由を保障する必要があったのです。

そして、信教の自由を保障する以上は、自分が信ずる仏神や思想について意見を述べる自由、すなわち信仰告白の自由が必要になります。キリスト教国、特にプロテスタント系統のキリスト教国においては、近代法の言論の自由は、ここから出てきているのです。

こういう歴史的沿革を無視して、「どのような言論でも許される」と考えるのは、教養のない人のすることです。信教の自由を認めずに言論の自由を考える人は少し教養が足りないのです。

『「理想国家日本の条件」講義』62-66ページ

つまり、「希望の革命」とは、〝言論の自由〟の名の下に嘘や捏造をくり返していた悪徳マスコミに対し、「言論の自由とはなんでも好き勝手に書いていい自由ではないのだ。とりわけ、信仰の自由は言論の自由を上回るものであり、神仏を汚す行為は断じて許されないのだ」ということを、講談社との戦いを通じて社会に啓蒙していった運動なのです。この「希望の革命」は「**小さな小さな問題が起きているのではない**」とあった通り、まさしく日本が「宗教立国」となるための転換点となる戦いであったのです。

また、「**正しき者は強くなくてはならないのである。あらゆる誤解や中傷を破砕し、この世の迷妄《めいもう》を一掃せねばならないのである**」(『ダイナマイト思考』あとがき)とも教わっています。こうした戦いの過程で私たち弟子も、信仰を守る強さや「正しき者は勝たねばならない」ということを学んでいきました。

「希望の革命」はそののち、幸福の科学の社会変革運動の雛形《ひながた》にもなりました。また、メディアを持たなかったために言論戦ができなかった教訓を活かし、

1995年には月刊のオピニオン誌「ザ・リバティ」を創刊しました。

幸福の科学は、「希望の革命」を通じて、神仏や信仰を守るために戦う強さを発揮できる団体へと成長していったのです。

これは、この地上に正義を打ち立てる「第五権力」としての宗教が台頭した瞬間でもあったといえます。

ヘア・ヌード反対運動

悪徳商業主義マスコミとの戦いはその後も続きました。当時、週刊誌では販売部数を伸ばすために、巻頭にわいせつ写真を掲載する「ヘア・ヌード」商法をとっていました。そうした雑誌が、女性や子供の目に触れるような書店の一般コーナーやコンビニ、飛行機内や病院、役所といった公共機関に公然と置かれていたのです。2016年現在では考えられないことですが、当時は部数を伸ばすためならば何をしてもよいという悪徳商業主義が横行しており、こうした状況がなかば当たり前のように受け入れられていました。それに対し、幸福の科学は断固とした声をあげます。1994年のことです。

不況期のなかで、
一部のマスコミが、〝ヘア・ヌード〟なるものに走り、
そして、この日本全土を色情地獄化しようと試みてきた。
これに対して、
心ある者が、はっきりと、
「間違っているものは間違っている」と声を挙げた。
日本の国民は、数は多いが、

勇気のある方の少ないことよ。
なぜ、それが言えない。
マスコミのなかにも、善良な人はいるであろう。
しかし、残念ながら、
無軌道の〝自由〟に引きずられているのが現状である。（中略）

貪る心のままに、欲情のままに、その人生を生きたとき、
人は、死後、色情地獄というところに堕ちる。

まるで、そこに羊の群れを追い込むがごとく、
ヘア・ヌードの嵐でもって、
世の中を毒しているマスコミに対し、
宗教者として、強い言葉を発せざるをえない。

恥ずかしいという心、羞恥心《しゅうちしん》を失ったとき、
人間は動物と同じとなる。
そして、死んだのち、
ある者は「畜生道《ちくしょうどう》」へ、
そして、ある者は、いわゆる「血の池地獄」へ堕ち、
本能のままに、数百年の人生を、そこで送ることになる。
それを止めたいのである。
それは、昔話ではなく、現に今も現実化し、
日々、起きていることである。

週刊誌の編集者よ。
地獄へ堕ちるのは、あなたひとりにしなさい。
あなたひとりが、地獄へ堕ちてから反省するのはよい。

ただ、他の者を道連れにしてはいけない。人間は健全な良識のもとに生きてゆかねばならないのだ。

『永遠の挑戦』13－21ページ

幸福の科学では、信者有志が立ち上げた「マスコミ倫理研究会」を中心に、大規模なデモ活動や署名活動を行いました。週刊誌を置いている施設や書店、コンビニにも一軒一軒足を運び、粘り強く働きかけをし、企業に電話をかけたり手紙を書いたり、新聞に投書するなどしました。

幸福実現党の釈量子党首（2016年7

1994年11月26日に東京で行われた「ストップ・ザ・ヘアヌード」デモ。

月時点）は当時、航空三社とその社長宛に手紙を書いたところ、ＪＡＳ（その後、ＪＡＬと合併）からテレホンカード付きの手紙が届き、「機内持ち回りサービスは中止することとしました」という返事が来たそうです（『命を懸ける』釈量子著）。

そののち、航空会社や公共の場から相次いで週刊誌が姿を消しました。ヘア・ヌード写真家が逮捕され、編集責任者が書類送検されるなど、世論も大きく変わっていきます。２０００年には読売新聞が「過激な性表現」を理由に一部の週刊誌の広告を見合わせます。さらに２００４年には、「週刊ポスト」がヘア・ヌードの廃止を発表しました。地道な世論変革がマスコミの浄化に貢献したのです。

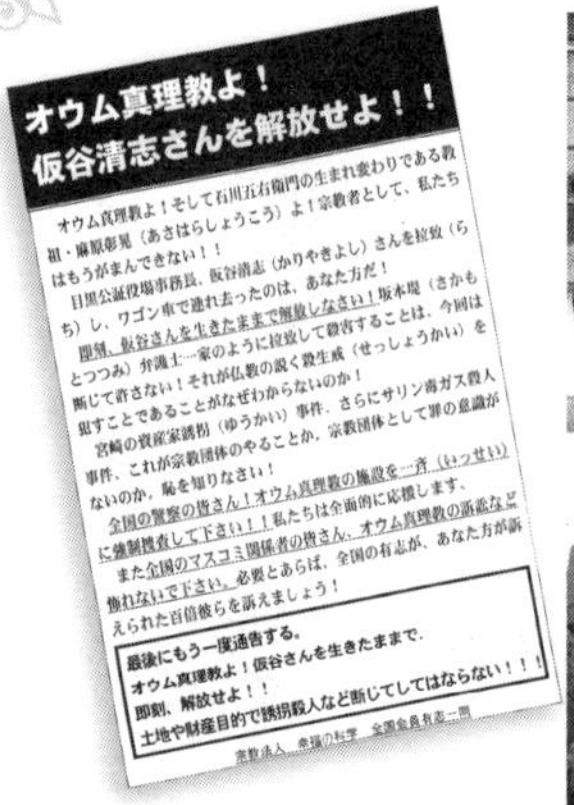
オウム真理教よ！
仮谷清志さんを解放せよ！！

オウム真理教よ！そして石川五右衛門の生まれ変わりである教祖・麻原彰晃（あさはらしょうこう）よ！宗教者として、私たちはもうがまんできない！！

目黒公証役場事務長、仮谷清志（かりやきよし）さんを拉致（らち）し、ワゴン車で連れ去ったのは、あなた方だ！

即刻、仮谷さんを生きたままで解放しなさい！坂本堤（さかもとつつみ）弁護士一家のように拉致して殺害することは、今回は断じて許さない！それが仏教の説く殺生戒（せっしょうかい）を犯すことであることがなぜわからないのか！

宮崎の資産家誘拐（ゆうかい）事件、さらにサリン毒ガス殺人事件、これが宗教団体のやることか。宗教団体として罪の意識がないのか、恥を知りなさい！

全国の警察の皆さん！オウム真理教の施設を一斉（いっせい）に強制捜査して下さい！！私たちは全面的に応援します。

また全国のマスコミ関係者の皆さん、オウム真理教の訴訟など恐れないで下さい。必要とあらば、全国の有志が、あなた方が訴えられた百倍彼らを訴えましょう！

最後にもう一度通告する。
オウム真理教よ！仮谷さんを生きたままで、
即刻、解放せよ！！
土地や財産目的で誘拐殺人など断じてしてはならない！！！

宗教法人　幸福の科学　全国会員有志一同

全国で配られたオウム教糾弾のビラ。

1995年3月18日に東京で行われたデモ行進。

オウム事件

邪教との戦いもありました。

１９９１年からの宗教ブームで台頭してきたオウム教は、当初、勢いのある新興宗教としてマスコミにもとり上げられていました。テレビ朝日の深夜番組「朝まで生テレビ！」で「オウム真理教 vs. 幸福の科学」として討論企画が行われるなど、幸福の科学とオウム教が対比されることもよくありました。出家者がスーツを着ている幸福の科学よりも、原始仏教のかたちを真似たオウム教のほうが〝本物〟だと持ち上げるマスコミや学者も一部にはいました。

しかし、幸福の科学では、地下鉄サリン事件が起こる4年前から、月刊誌や講演会などでオウム教の危険性に警告を発していました。1995年2月28日、「假谷《かりや》清志さん拉致事件」が白昼堂々と行われます。これも一つの因縁かもしれませんが、私も含めた幸福の科学の信者と職員が、その現場を目撃し、通報しました。

しかし警察は、宗教法人法を理由に、宗教施設へ踏みこむことに非常に消極的でした。そこで、オウム教が犯罪団体だと確信した幸福の科学は、全国で「オウムを強制捜査せよ」というビラ配りやデモ行進などを行い、世論をつくります。

この間、大川総裁も解決に向けて陣頭指揮をとられました。政治家経由で警察庁長官にも細かく指示を出し、未解決事件を解決に導かれました。それは命がけのものでした。

当会は、教団にとってマイナスに見えることであっても、やってきましたし、ほかにも、いろいろな戦いがありました。今から見ると少しゾッとするようなこともたくさんあります。

「オウム真理教事件」のとき、当会は、警察の公安に協力し、オウムを逮捕に追い込む方向で圧力をかけ、全国で百万枚ものビラを一日で配ったりしました。「宗教法人幸福の科学」の名前のビラを配ったので、向こう（オウム）にとっては当会が〝敵〟であることは明確です。

そのあと、警察の公安が当会に写真を持ってきて、「これ、どこか分かるか」と訊くので、当会の広報部門の人がそれを見て、「いや、ちょっと分からないのですが」と答えると、「これは、おたくの教祖が住んでいる場所だ」と言われました。

そして、「彼らは、近くにアパートを借りて、このような写真を撮り、四六時中、ビデオで撮影している。これは狙撃を考えているのだ。だから、朝、家を出る時間や、帰ってくる時間を、毎日変えなさい。また、ルートも変えなさい」と言わ

れたのです。（中略）

当時は紀尾井町ビル（東京都千代田区）に当会の総合本部がありましたが、そこはオープンスペースであるため、地下の駐車場には誰だって入れます。そのため、「幸福の科学が持っている駐車スペースにある車のなかで、いちばんよい車の排気口から、ＶＸガスを撃ち込め」という指令が向こうのトップから出ていて、「いちばんよい車にＶＸガスを撃ち込んできたのに、なかなか死なないな」と向こうは言っていたようです。

もし車を間違えて入れ、どこかの会社のトップか何かが死んでいたら、申し訳ないとは思うのですが、そういう話は聞いていません。ただ、彼らがそれをやったことについては、読売新聞などにも載りました。

そういう戦いもありました。「やや若気の至りだったのかもしれない」とは思いましたし、そのような事件のあと、結果的には、宗教法人法が〝改正〟され、当会やほかの宗教も迷惑を被ったところもあるので、よかったのかどうか分からないところはあります。

ただ、今はまだ十分ではないかもしれませんが、いずれ、「宗教のなかには、間違った宗教を認めないところもあるのだ」ということを、理解してくれることもあるのではないかと思います。

このように、私は、二十四時間態勢で、銃で狙われていたのです。

したがって、「オウム真理教との対決」が「命懸け」であったことは事実です。


『人生に勝つための方程式』112-116ページ

警察の強制捜査は遅れに遅れ、3月20日、「地下鉄サリン事件」が起こります。東京都内の計5編成の地下鉄車内で同時多発的に神経ガスを撒《ま》くという未曾有《みぞう》のテロ事件で、死者13名、負傷者6千名以上の被害を出しました。二日後の3月22日、ようやく警察は強制捜査に踏み切り、オウム幹部数名を逮捕。その後、厳戒態勢の中、テレビでは連日オウム教の異常性が特集されるようになり、当時未解決だった「坂本弁護士一家殺害事件」などもオウム教による犯行だということが白日の下にさらされました。

もしも幸福の科学が世論をつくっていなければ、捜査はさらに遅れていたかもしれません。そうすれば東京上空からサリンを撒くという大量殺戮《さつりく》計画が実行されていた可能性もあります。まさしく日本の危機を救う活動でした。


オウムが崩壊していく速度を見ると、「光はかなり勝ち進んでいる」「かなりのところまで勝利できるのではないか」と、いま強く感じています。このように、私は今、むしろ明るい気持ちのほうに変わってきつつあります。

世紀末の現象もいろいろあろうかと思いますし、映画『ノストラダムス戦慄の啓示』（一九九四年九月公開）が大ヒットしたこともあって、便乗予言をして世の中を攪乱《かくらん》する者もたくさん出てきて、困ってはいるのですが、むしろ光のほうがいま強くなってきています。日本だけとっても、オウムの壊滅によって、五パー

セントぐらいは、闇（地上の悪想念）が消えたのではないかという印象を、私は持っています。

『人生成功の秘策』121-122ページ

オウム教の壊滅は、宗教による宗教改革の一つの成果でした。

いまだに、「新興宗教」というくくりだけでオウム教と幸福の科学を同一視する見方が一部には残っていますが、この事件だけを見ても、犯罪集団として教祖以下幹部が逮捕されていったオウム教と、事件解決に貢献し、警視庁からの表彰を受けている幸福の科学を同一視とするのは、全く間違った見方であると

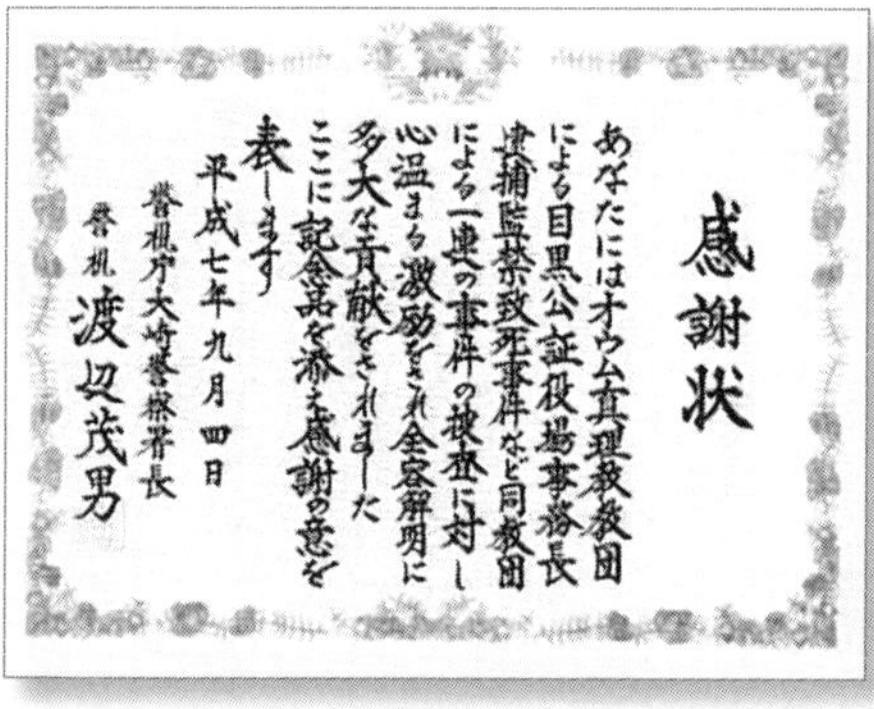
感謝状
あなたにはオウム真理教教団による目黒公証役場事務長逮捕監禁致死事件など同教団による一連の事件の捜査に対し心温まる激励をされ全容解明に多大な貢献をされました
ここに記念品を添え感謝の意を表します
平成七年九月四日
警視庁大崎警察署長
警視 渡辺茂男

警視庁から幸福の科学に贈られた感謝状。

いうことが分かります。

3．その他の社会変革活動

自殺者を減らそうキャンペーン

2003年、幸福の科学は「自殺者を減らそうキャンペーン」をスタートします。3月号の「ザ・リバティ」では特集「自殺者を減らそう」が組まれ、一万人アンケートが実施されました。

各地の駅前で信者有志たちが横断幕《おうだんまく》を広げ、街頭スピーチのようなかたちで防

街頭で防止を呼びかける運動が継続的に行われている。

幸福の科学の自殺防止サイト
http://withyou-hs.net/

止を呼びかけたり、ポスターを貼ったり、リーフレットを配ったりといった活動を展開していきました。「自殺を考えていたけれども横断幕が目に入り、話を聞くうちに思い直した」という人や、「自殺未遂をするまでに思いつめていたが、献本された幸福の科学の書籍を読み、再起を決意した」という人など、毎日のように全国から「イイシラセ」が「ザ・リバティ」編集部に舞い込みました。現在はフェイスブック、ツイッターなどのＳＮＳや、自殺防止サイト、ユーチューブへの動画投稿とメディアの幅を広げて活動を続けています。

自殺防止を目的に活動している団体は数多くありますが、幸福の科学のキャンペーンには、他との大きな違いがあります。それは「霊的人生観」を基盤にしていることです。

自殺者のなかには、自分が死んだことも分からない人が大勢います。

例えば、首吊り自殺をした人であれば、死んでからも、何度も何度も首を吊っています。それでも死ねないので、今度は地上に生きている人に取り憑《つ》いて、他人に首を吊らせるようなことをするのです。

このように、何度も何度も、死ぬ瞬間を繰り返し体験するのです。

その人が、もし、八十歳まで生きるということを、今世、生まれることの使命としていながら、五十歳で自殺をしたならば、その後の三十年、その人は、天国

に入ることも地獄に入ることもできません。

『霊的世界のほんとうの話。』42ページ

これはたいへんな事実です。

一般的には、「死ぬことはいけない」「遺された家族が苦しむ」「生きていればその悩みは解決できる」といった説得をします。しかしそれだけでは、死ねばすべて終わると思っていたり、苦しいこの世から逃れて楽な世界にいきたいと考えたりする人を止めることはできません。

それに対して幸福の科学は、あの世の知識を伝えます。「あなたが今、自殺をしても、楽になることはない。長く苦しみの時間を過ごさねばならないのだ」ということを訴えます。その苦しみを絶対に味わわせたくないから「自殺者を減らそうキャンペーン」は行われているのです。

また、自殺の原因となる悩みを解決できる智慧があることも大きな強みです。

私が支部長をしていたとき、こんな方がいました。ひどい家庭環境に長年苦しみ、自殺を考えていたけれども、幸福の科学の経典を献本されたことをきっかけに、幸福の科学の本を読み始めます。そして、人生は一冊の問題集であり、悟りを高めるためにこの環境をみずから選んで生まれてきたことを知り、救われたそうです。その後、自分のように苦しんでいる人びとを救うべく、幸福の科学の信者になり、力強く伝道活動を続けられています。

こうした心の教えにはじまり、幸福の科学には豊かになるための教えや、「**会社を倒産させない方法**」や「**優秀な社員になれる方法**」も説かれています（『創造の法』158ページ）。経済的な問題による自殺を予防するためです。

不況になって倒産が増えれば、どうしても自殺は増えます。実際、消費税を3%から5%に増税した翌年の1998年には、景気の悪化から年間の自殺者数が3万人を超える事態になりました。幸福実現党もこうした不況による自殺者の増大を防ごうという宗教的使命感もあり、減税を訴えています。

物心両面から自殺を防ぐ智慧があることが、幸福の科学の「自殺者を減らそうキャンペーン」の特徴です。

震災救援運動

1995年1月17日に阪神・淡路大震災が発生しました。当時の村山政権は日本社会党（現・社会民主党）から総理を立てていたこともあり、非常に左翼的傾向が強い政権であり、自衛隊の導入が遅れ、国としての救援活動が滞《とどこお》っていました。そんな中、大川総裁は、被災直後の初期動作が最重要とし、迅速かつ大規模な救援活動を陣頭指揮されました。震災当日に災害対策本部が立ち上がり、四日後までには被災地35カ所に救援センターが設けられます。食料や水、衣類、

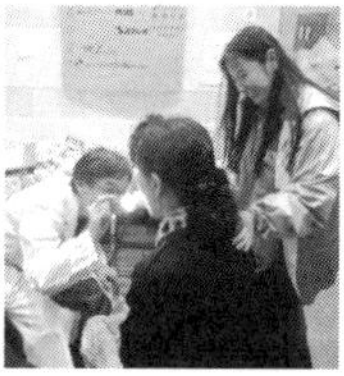

幸福の科学の医師ボランティアによる医療活動が行われた。（写真右）

全国の会員から神戸に届けられた救援物資。（写真左）

毛布、医薬品など３００品目もの救援物資が届けられ、炊き出しや医療チームによる医療活動、特設浴場といったきめ細やかな救援が不眠不休で行われました。のべ二万人の信者ボランティアと約千台の車両が極寒の神戸の地に集まったのです。

こうした震災の苦しみに対しても、緊急で対応できる幸福の科学の組織力が明らかになりました。こうした活動はのちの東日本大震災における救援活動のモデルともなりました。

その後も国内外の大災害には、義援金や救援物資の送付、学校再建などの支援を行っています。２０１１年の東日本大震災では、義援金や救援物資送付、ボランティア活動のほかに、被災者の心のケアなど、物心両面からの支援活動を行いました。翌年には仙台正心館と日本再建祈念館を建立《こんりゅう》し、「東日本大震災鎮魂大祭」を開催。以降毎年、震災のあった3月11日には、「鎮魂大祭」を開催するとともに、「愛念供養祈願」を執り行い、亡くなられた方がたの供養やご遺族のケアにとり組んでいます。魂の救済まで含めた、「真なる震災救援活動」といえます。

2012年に落慶した仙台正心館。

私たちは、「多くの人たちの願いや声を聞き続けられる団体になりたい」と思っています。そして、日本全国で、救援活動に参加してくださったみなさまがたに、御礼《おんれい》を申し上げるとともに、海外においても、さまざまなところで救済活動ができていることについて、多くの方々に感謝しています。

当会は、インド洋に津波が起きて、スリランカで小学校が流されたときにも、学校の再建に取り組みました。また、ウガンダで土砂崩れが起き、多くの方が亡くなったときにも救援活動を行いました。さらに、当時は、ほとんど信者がいなかったハイチで地震が起きたときにも救済活動に取り組みました。

このように、当会は、海外においても、さまざまなところで救援活動を行っています。

今回の東日本大震災における救援活動についても、その内容の報告を受けましたが、阪神・淡路大震災での救援活動とは違って、私の指示が出なくても、さまざまに自主的な活動がなされていたようです。

それだけ、教団が歴史を持ち、経験を持ち、文化を持ってきたということでしょう。

『されど光はここにある』89–90ページ

大きな時代のしくみへ

「希望の革命」をはじめとする幸福の科学の社会変革運動は、当時の人びとにとっては小さな運動に過ぎないと見えていたかもしれません。しかし、一つひとつ価値観の革命を重ねるにつれ、確実に社会常識は変わっていき、現在では政治や経済に大きな影響をおよぼしはじめています。幸福の科学の社会変革活動は、時代をつくる大きなしくみになっているのです。

その過程では、さまざまな困難にもぶつかることもあります。

信仰は試されるときが来ます。これからもあると思います。社会的に勢力を持てば必ずそうなるのです。それを持たなければ、要するに、お寺のなかで小さくやっていれば、問題はないのですが、社会全体を変革しようとしていけば、時のいろいろな権力や勢力と、どうしてもどこかでぶつかるわけです。

自分の権益を守ったり、勢力を維持したりしている人がたくさんいるので、新しいものが出てきたためにそれが引っくり返るとなれば、抵抗するところはどこにでも出てきます。いつの時代にも出てくるのです。時代の潮目には価値観の対立があって、ぶつかることもあります。

そのときに、信仰は試されるのです。そのときに、ぐらつかずに信仰を押し通した人によって、のちのち、道が開けてくるのです。そういう人がいて初めて道が開けるのです。もしそういう人がいなければ、道は開けないままで、いばらのままで終わってしまいます。いばらの道を開く人がどうしても必要なのです。

『「信仰と愛」講義』70－72ページ

幸福の科学の社会変革活動は、時代の潮目を変える大きなうねりです。しっかりと信仰を立て、信仰による価値観の革命を起こし、真なるユートピア建設を成し遂げてまいりましょう。

TRY!

現代の社会問題を考える

今後、幸福の科学における社会変革の課題となりうる社会問題について探究しよう。その社会問題に対し、仏法真理的観点から、現状・原因・解決策についてレポートにまとめて発表してみよう。

【主要参考文献〈大川隆法総裁著作〉】

『感化力』以下、幸福の科学出版
『ダイナマイト思考』
『小説家・景山民夫が見たアナザーワールド』
『永遠の挑戦』
『人生に勝つための方程式』
『人生成功の秘策』
『霊的世界のほんとうの話。』
『創造の法』
『されど光はここにある』
『「理想国家日本の条件」講義』以下、幸福の科学
『「信仰と愛」講義』

【その他参考文献】

『命を懸ける』釈量子著、幸福の科学出版

あとがき

私の心に「救世の情熱」が灯ったのは、前職である東京都庁に入局したての頃でした。大講演会や研修会における大川隆法総裁先生の救世の獅子吼《ししく》に奮い立ち、伝道者となることを強く決意し、仕事の合間に同僚たちに幸福の科学の素晴らしさを伝えようと必死の毎日でした。

当時、都をあげて取り組んでいた大きなプロジェクトに関わらせていただき、それなりに仕事のやりがいも感じておりましたが、「これほどスケールの大きな教えが説かれている時にこうしていて良いのか。『救世の時代』が到来したのだ」と思うと、いてもたってもいられず、出家の声がかかると、すべてを擲《なげう》って幸福の科学に奉職させていただき、微々たる力ながらも全力で救世運動に参画させていただきました。

出家後、様々な部署で聖務に携わらせて頂きましたが、そのなかでいつも心に強く願っていたのは、「救世主降臨の事実を全世界に伝えたい」という一点でした。本書を通じて、ＨＳＵ生達にいちばんお伝えしたかったことも、「救世の時代は来たれり」という、その事実です。21世紀を担うＨＳＵ生たちに、必ずや「救世の主役」となって頂くことを強く期待しております。

さて、続巻では、幸福の科学が取り組んでいる「三大革命」（霊性革命・政治革命・教育革命）についての学びを深めると共に、「救世の主役」となるための具体的な伝道の方法論についても学びを深めてまいります。

最後に、深淵なる法をお説きくださり、「国師」としてのみならず、「ワールド・ティーチャー」（世界教師）として日々、人類を慈悲と智慧の偉大な力でお導きくださっている大川隆法総裁先生に、心の底より感謝申し上げます。本当にありがとうございます。

2016年7月14日

ハッピー・サイエンス・ユニバーシティ

バイス・プリンシパル 兼 人間幸福学部ディーン　黒川白雲

編著者＝ 黒川白雲（くろかわ・はくうん）

1966年生まれ。兵庫県出身。1989年早稲田大学政治経済学部政治学科卒業。同年東京都庁入庁。1991年より幸福の科学に奉職。指導局長、活動推進局長、人事局長などを歴任。2014年、東洋大学大学院経済学研究科修了。現在、ハッピー・サイエンス・ユニバーシティ バイス・プリンシパル兼 人間幸福学部ディーン。幸福の科学本部講師。おもな編著書に『HSU未来をつくる授業』『HSUテキスト5 幸福学概論』（いずれもHSU出版会）、著書に『知的幸福整理学』『比較幸福学の基本論点』『人間とは何か』、共著に『国難に備えよ』『日本経済再建宣言』（いずれも幸福の科学出版）などがある。

救世の時代 来たれり

実践教学概論（上）

2016年8月1日　初版第1刷

編著者　黒川 白雲

発行　HSU出版会
〒299-4325 千葉県長生郡長生村一松丙4427-1
TEL（0475）32-7807

発売　幸福の科学出版株式会社
〒107-0052　東京都港区赤坂2丁目10番14号
TEL（03）5573-7700
http://www.irhpress.co.jp/

印刷・製本　株式会社　サンニチ印刷

落丁・乱丁本はおとりかえいたします

ISBN 978-4-86395-812-8　C0014

写真 ：© Alexander Silaev / Shutterstock.com

HSUの魅力に触れる４冊

未知なるものへの挑戦
新しい最高学府「ハッピー・サイエンス・ユニバーシティ」とは何か

大川隆法 著

ＨＳＵの第１回、第２回入学式での法話と、学生との質疑応答を収録。秀才は天才に、天才は偉人に育てるＨＳＵの教育理念がわかる。

1,500円

現代の松下村塾 HSUの挑戦 ──開学１年 成果レポート──
HSU出版会 編

ＨＳＵの宗教教育、語学教育に各学部の研究成果から、寮生活、学生の体験談、地元の声まで、等身大のＨＳＵの姿をレポートしたビジュアルブック。

1,000円

HSU 未来をつくる授業
世界に貢献する人材を育てる

黒川白雲 編

「こんな授業が受けたかった!」毎回、終了時に拍手が起こるＨＳＵの講義を、人間幸福学部、経営成功学部、未来産業学部から計６コマ収録。

1,100円

HSU生としての学習作法
大川真輝 著

全国の支部・精舎で頒布中　　定価3,000円（税込）

大学生になったらはじめに知っておきたい時間の使い方、履修の仕方やアルバイト、恋愛、将来の夢への考え方まで言及した、学生必携の一書。

価格は税別／いずれもHSU出版会

大川隆法 幸福の科学 大学シリーズ ―人間幸福学選―

「人間幸福学」とは何か
人類の幸福を探究する新学問

「人間の幸福」という観点から、あらゆる学問を再検証し、再構築する――。数千年の未来に向けて開かれていく学問の源流がここにある。

宗教学から観た「幸福の科学」学・入門
立宗 27 年目の未来型宗教を分析する

幸福の科学とは、どんな宗教なのか。教義や活動の特徴とは。他の宗教との違いとは。総裁自らが、宗教学の見地から客観的に幸福の科学を分析する。

幸福の科学の基本教義とは何か
真理と信仰をめぐる幸福論

「宗教人として生きるとは、どういうことか」という問いに答えきった一冊。信仰の意味や、使命に生きることの大切さがストレートに語られる。

比較宗教学から観た「幸福の科学」学・入門
性のタブーと結婚・出家制度

同性婚、代理出産、クローンなど、人類の新しい課題への答えとは？　未来志向の「正しさ」を求めて、比較宗教学の視点から仏陀の真意を検証する。

いずれも1,500円（税別）／幸福の科学出版

大川隆法 幸福の科学 大学シリーズ ──人間幸福学選──

幸福の科学大学創立者の精神を学ぶⅠ（概論）

宗教的精神に基づく学問とは何か

「人間の幸福」という観点から、あらゆる学問を再検証し、再構築する──。数千年の未来に向けて開かれていく学問の源流がここにある。

幸福の科学大学創立者の精神を学ぶⅡ（概論）

普遍的真理への終わりなき探究

「知識量の増大」と「専門分化」が急速に進む現代の大学教育に必要なものとは何か。幸福の科学大学創立者が「新しき幸福学」の重要性を語る。

「成功の心理学」講義

成功者に共通する「心の法則」とは何か

人生と経営を成功させる「普遍の法則」と「メンタリティ」とは？　「熱意」「努力の継続」「三福」──あなたを成功へ導く成功学のエッセンスが示される。

「幸福の心理学」講義

相対的幸福と絶対的幸福

人生の幸・不幸を左右する要因とは何か？　劣等感や嫉妬心はどう乗り越えるべきか？　「幸福の探究」を主軸に据えた、新しい心理学が示される。

いずれも1,500円（税別）／幸福の科学出版

大川隆法 幸福の科学 大学シリーズ ―人間幸福学選―

「人間学概論」講義
人間の「定義と本質」の探究

人間は、ロボットや動物と何が違うのか？ 人間は何のために社会や国家をつくるのか？ 宗教的アプローチから「人間とは何か」を定義した衝撃の一書。

人間学の根本問題
「悟り」を比較分析する

肉体と魂の探究、さらには悟りまでを視野に入れて、初めて人間学は完成する。世界宗教の開祖、イエス・キリストと釈尊から「人間の最高の生き方」を学ぶ。

「幸福の科学教学」を学問的に分析する

「大川隆法学」の特徴を学者的立場から比較分析。膨大かつ現在進行形で説かれていく教えの全体像を、簡潔に説き明かす。

「比較幸福学」入門
知的生活という名の幸福

ヒルティ、アラン、ラッセルなど、「幸福論」を説いた人たちはみな「知的生活者」だった。彼らの思想を比較分析し、「幸福とは何か」を探究する。

いずれも1,500円（税別）／幸福の科学出版

大川隆法 幸福の科学 大学シリーズ——幸福論シリーズ——

ソクラテスの幸福論

キリストの幸福論

ヒルティの語る幸福論

アランの語る幸福論

北条政子の幸福論
—嫉妬・愛・
女性の帝王学—

孔子の幸福論

ムハンマドの幸福論

いずれも1,500円（税別）／幸福の科学出版

大川隆法 幸福の科学 大学シリーズ──幸福論シリーズ──

パウロの
信仰論・伝道論・幸福論

仏教的幸福論
─施論・戒論・生天論─

日本神道的幸福論
日本の精神性の源流を探る

卑弥呼の幸福論
信仰・政治・女性の幸福

豊受大神の
女性の幸福論

ヘレン・ケラーの幸福論

老子の幸福論

いずれも1,500円（税別）／幸福の科学出版

幸福の科学 大学シリーズ　人間幸福学プロフェッサー陣著書

知的幸福整理学

「幸福とは何か」を考える

黒川白雲 著

世界的に流行する「幸福論」を概観し、膨大な「幸福学」を一冊でざっくり整理。最終結論としての幸福の方法論を示す。

1,200円

比較幸福学の基本論点

偉人たちの「幸福論」を学ぶ

黒川白雲 著

ソクラテス、キリスト、ヒルティ、アラン、孔子、ムハンマド、釈尊の幸福論を解説した、偉人たちの「幸福論」の“ガイドブック”。

1,200円

人間とは何か

幸福の科学教学の新しい地平

黒川白雲 著

哲学、心理学、生物学の博士らとの対談を通じ、人間機械論の迷妄を打ち砕き、新しい「人間の定義」を示す。

1,200円

「自分の時代」を生きる

霊的人生観と真の自己実現

金子一之 著

「誰でもなりたい自分になれる」をテーマに、心の力の使い方や自己実現の方法を、実践できるかたちで詳しく解説。

1,100円

価格は税別／いずれも幸福の科学出版

HSU 人間幸福学部テキスト

HSUテキスト1
創立者の精神を学ぶⅠ

金子一之 編著

全学必修テキスト。ＨＳＵの創立者・大川隆法総裁の精神を土台として学び、高貴なる義務に目覚め、高い志を宿す。

HSUテキスト2
創立者の精神を学ぶⅡ

金子一之 編著

全学必修テキスト。ＨＳＵの創立者・大川隆法総裁の精進の姿勢に学び、セルフ・ヘルプの精神、チャレンジ精神を身につける。

HSUテキスト4
基礎教学A 基本教義概論

金谷昭／今井二朗／金子一之 編著

全学必修テキスト。幸福の原理、法シリーズ、原理シリーズ、根本経典に込められた意味など、幸福の科学教学の土台を学ぶ。

HSUテキスト5
幸福学概論 真なる幸福とは何か

黒川白雲 編著

心理学、経営学、哲学など従来の学問に「幸福の科学教学」を融合し、新しい「幸福学」の枠組みを提示。

いずれも1,500円（税別）／HSU出版会

HSU 人間幸福学部テキスト

HSUテキスト8

基礎教学B

『太陽の法』徹底マスターを目指して

今井二朗／金子一之 編著

全学必修テキスト。超人気授業「基礎教学A」に待望の続編。幸福の科学の基本経典『太陽の法』を習得するための仏法真理入門テキスト。

HSUテキスト10

教学の深め方

魂を輝かせる智慧の力

縦山英俊 編著

全学必修テキスト。幸福の科学教学の勉強方法をかみ砕いて解説。「教学論文への取り組み」「経典読破おたすけリスト」つき。

HSUテキスト14

応用教学A

『黄金の法』徹底マスターを目指して（西洋編／東洋編）

松本智治 編著

偉人の魂の傾向を知り、神の世界計画を学ぶことができる。世の歴史書にはない、深みある歴史を学べる一冊。生まれ変わりの最新情報を反映。

いずれも1,500円（税別）／HSU出版会

学部のご案内

人間幸福学部

人間学を学び、新時代を切り拓くリーダーとなる

人間の本質と真実の幸福について深く探究し、
高い語学力や国際教養を身につけ、人類の幸福に貢献する
新時代のリーダーを目指します。

経営成功学部

企業や国家の繁栄を実現する、起業家精神あふれる人材となる

企業と社会を繁栄に導くビジネスリーダー・真理経営者や、
国家と世界の発展に貢献する
起業家精神あふれる人材を輩出します。

未来産業学部

新文明の源流を創造するチャレンジャーとなる

未来産業の基礎となる理系科目を幅広く修得し、
新たな産業を起こす創造力と起業家精神を磨き、
未来文明の源流を開拓します。

未来創造学部

時代を変え、未来を創る主役となる

政治家やジャーナリスト、ライター、俳優・タレントなどのスター、
映画監督・脚本家などのクリエーターを目指し、国家や世界の発展、
幸福化に貢献できるマクロ的影響力を持った徳ある人材を育てます。

キャンパスは東京がメインとなり、2年制の短期特進課程も新設します（4年制の1年次は千葉です）。2017年3月までは、赤坂「ユートピア活動推進館」、2017年4月より東京都江東区（東西線東陽町駅近く）の新校舎「HSU未来創造・東京キャンパス」がキャンパスとなります。